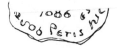

中公新書 2652

千々和泰明著

戦争はいかに終結したか

二度の大戦からベトナム、イラクまで

中央公論新社刊

はしがき

戦後の日本人は、「戦争終結」を考えることから目をそむけてきたのではないだろうか。第二次世界大戦のような悲劇を二度と繰り返さないというい わば国是の下、戦後の日本では戦争の抑止や戦争原因の分析が盛んになされてきた。どうすれば戦争を防ぐことができるかという点に、関心が向かったといえる。

だが、第二次世界大戦における日本の失敗は、アメリカによる広島・長崎への核兵器使用とソ連の対日参戦という破滅的な結末を迎える前にこれを収拾できなかった戦争終結政策の失敗でもあった。しかも一つ間違えば、アメリカによるさらなる核攻撃、ソ連軍のさらなる侵攻、そして日本本土戦も十分に起こりえたのである。第二次世界大戦の教訓は、どうすれば戦争を防ぐことができるかはもちろんだが、それだけでなく、いったん始まった戦争をどうすれば理性的に収拾できるかということにもあるだろう。

「戦争放棄」の名の下に、戦後、特に米ソ冷戦時代の日本では、軍事が長らくタブー視されてきた。冷戦終結後は、変動する国際秩序、北朝鮮の瀬戸際外交、そして中国の軍事的台頭などにより、日本人の安全保障観も次第に変化してきた。とはいえ日本の安全保障論議は依然、抑止や、せいぜい有事における初動対処の域を出ていない。

たとえば二〇一五年九月に制定された平和安全法制は、有事やその他の緊急事態における自衛隊による武器使用やアメリカ軍などへの支援の条件を緩和した点で画期的なものではあった。しかし、事態がエスカレートした場合、これをどのように収拾し、いかなる条件で講和を結ぶべきか、といった点についての検討は手つかずである。いったん始まった戦争を理性的に収拾するための方策、つまり紛争の「出口戦略」が、十分練られているとはいいがたい。

本書は昨今の情勢も踏まえつつ、戦争終結という、個別事例を除き日本ではまったくといっていいほど研究されてこなかったテーマについて、理論と歴史の両面から考えようとするものである。

戦争終結の問題を考察するといっても、その形態は、無条件降伏の押しつけで終わったり、妥協的な休戦で終わったりするなど様々である。そのため、それらを統一的に把握し、理解するのは難しいように感じられるかもしれない。この点について本書は、戦争終結の形態は「紛争原因の根本的解決」と「妥協的和平」のジレンマのなかで決まる、という視点に立つ。

戦争においては、戦局における優勢勢力側が終結を主導することになる。そのとき、二つの選択のあいだで板挟みになる。一つは、「自分たちの犠牲を覚悟したうえで、自国の完全勝利と交戦相手政府・体制の打倒をめざし、紛争が起こった根本原因を除去して将来の禍根を絶つ」選択である。たとえば、第二次世界大戦におけるナチス・ドイツに対する連合国の立場が当てはまるだろう。もう一つが、「相手と妥協し、下手をすれば単に決着を将来に先延ばしにしただけに終わるおそれを残しながらも、その時点での犠牲を回避する」選択である。こちらは、湾岸戦争においてサダム・フセイン体制の延命を許したアメリカの立場が典型的である。戦争終結を主導する側は、「将来の危険」と「現在の犠牲」のどちらをより重視するべきかというシーソーゲームのなかで、決定を迫られるといえる。

本書では、まず序章で、日本ではあまり知られていない海外の戦争終結研究を紹介しながら、戦争終結をめぐる「紛争原因の根本的解決と妥協的和平のジレンマ」について説明する。

この視点を踏まえ、第1章から第6章で二〇世紀以降の主要な戦争の終結について歴史的に振り返っていく。第1章で取り上げる第一次世界大戦の終結は、「紛争原因の根本的解決」の極に近いケースであった。第2章のテーマであるヨーロッパにおける第二次世界大戦の終結は「紛争原因の根本的解決」のまさに極にあるケースであり、第3章で扱うアジア太平洋における第二次世界大戦（太平洋戦争）もこれに近い結果となった。一方、第4章と第5章で取り上げる朝鮮戦争とベトナム戦争は、「妥協的和平」の極に近い戦争終結形態となった。そして第6章では、「妥協的和平」の極に傾いた湾岸戦争から、「紛争原因の根本的解決」の極に進むアフガニスタン戦争・イラク戦争への振幅を見る。

このように優勢勢力側の「将来の危険」と「現在の犠牲」をめぐるシーソーゲームを通じ、戦争終結形態が「紛争原因の根本的解決」と「妥協的和平」のあいだを揺れ動くという説明を切り口とすることで、本書は様々な戦争終結事例を一望できるようになっている。そして終章では、本書の議論をまとめたうえで、出口戦略という観点からこれからの日本の安全保障を考えるためのヒントを提示する。

第二次世界大戦が終結して、近く八〇年を迎える。戦争は起こってはならない。だからといって、戦争が起こってしまったあとそれをどう終結させるかについて考えなくてもよい、ということにはならない。本書を通して戦争について現実的に考えることで、平和な世界を実現する一助になれば幸いである。

本書の内容は著者個人の見解であり、著者が現在所属する、またはかつて所属した機関の見解を代表するものではない。

目次

戦争はいかに終結したか

二度の大戦からベトナム、イラクまで

「戦争の終わりにおいて、その発言が戦争を
始める時ほど立派でない指導者に災いあれ」
——オットー・フォン・ビスマルク

序章　戦争終結への視角——「紛争原因の根本的解決」と「妥協的和平」のジレンマ

日本における戦争終結研究の欠如

戦争はいかに終結するのか。

本章では、まずは日本における戦争終結研究の欠如を指摘し、次いでこれまで日本語でまとまって紹介されることがほとんどなかった海外の戦争終結研究を紹介する。そのうえで、戦争終結をめぐる「紛争原因の根本的解決と妥協的和平のジレンマ」という本書が提示する視角について説明する。

国際政治学は、戦争と平和の問題を探究する学問分野である。

そこでは、抑止や国際協力を通じた戦争の予防策や、戦争の原因究明分析が盛んになされてきた。

しかし、「戦争はいかに終わるのか」についての研究、つまり「戦争終結論」は、量的にも少なく、まだまだ発達途上の研究領域である。

特に日本では、太平洋戦争を中心に、特定の戦争の終結に関する歴史研究はなされてきたものの、理論研究や事例間比較研究はまったくといっていいほど見当たらない。

日本国際政治学会編の『国際政治』誌は一九七二年に「戦争終結の条件」と題した特集号を組んでいるが、掲載されているいずれの論文も個別の戦争の終結局面を扱ったもので、戦争終結という現象の一般化、つまり様々な戦争終結形態を一望できる分析が試みられているわけではない（しかも同特集号には、朝鮮戦争は韓国側が先に北朝鮮を攻撃して始まったと論じるような、今日では学術的価値を持たない論稿も含まれている）。

同じころ（一九七三年）、国際政治学者の桃井真《まこと》は、「いかなる武力紛争にも、かならず〝終り〟がある。〔中略〕むしろ〝いかに終わるか〟が、戦略理論の中心であるべきであった」としたうえで、「それにもかかわらず、戦略論や戦史のうえでは、いかに始めるか、あるいは始まるか、については多く語られながら、どのようにして戦いを終結するか、について十分な検討や分析がない」という課題を提起した。

それから約半世紀が経った近年でも状況は変わらず、防衛省防衛研究所が二〇一五年に「歴史から見た戦争の終結」をテーマにした国際会議を開催し、その報告書が公刊されているのが唯一の例外である。海外の研究の邦訳さえ、フレッド・イクレ（桃井による）、ギデオン・ローズの研究、あるいはゴードン・クレイグとアレキサンダー・ジョージによる著作の該当部分くらいしかないのが実情である。

このような現状からは、不幸にして戦争が起こってしまった場合にどうすれば理性的な戦争終結が可能か、という示唆《しさ》は出てこない。

戦争終結研究の知的潮流

そこで海外の戦争終結研究に目を向けてみよう。

戦争終結に関するもっとも原初的な研究としては、第一次世界大戦中の一九一六年に公刊されたコールマン・フィリップソンによるものがある。これは戦争終結の形態として、敵対行為の相互休止、一方による他方の征服、講和条約における相互調整の三つが挙げられるとして、各形態の法的性質や手続き、効果、限界を解説するというものであった。このように最初期の戦争終結研究はその形態についての文字通り「解説」からスタートしており、フィリップソンの研究でも戦争終結の形態が三つに分かれる理由や、歴史的な事例から得られる知見を論ずるまでにはいたっていなかった。

歴史的な事例に照らした戦争終結研究が現れたのは、第二次世界大戦中である。一九四四年にH・A・キャラハンは、アメリカ独立革命から第一次世界大戦までの主要な戦争を事例として取り上げ、戦争終結研究に動的な視点を導入した。ただ、ここでは個別の事例ごとに、一方が敗北した個別の要因が列挙されているだけで、戦争終結という現象をめぐる各事例個別の分析を超えた一般化までには及ばなかった。

また、キャラハンの研究が出たのと同じころには、戦闘で敵部隊が降伏する時の犠牲者数から逆算すれば、その敵国の全人口のうちどのくらいの数の人間を殺せば降伏させられるかが分かるという奇説もあった。これは戦後の統計分析によって否定されたが、第二次世界大戦中の戦争終結研究には理論としての精緻《せいち》さよりも、まずは現実に戦われている戦争への応用が求められていた。

第二次世界大戦後に戦争終結研究がアメリカで再び活況を呈するのは一九七〇年代初頭であり、これは明らかに当時アメリカが直面したベトナム戦争の泥沼化が影響している。一九七〇年に、*Annals of the American Academy of Political and Social Science* 誌上で戦争終結研究の特集が組まれた。一九七一年には、戦争終結に関する初めての包括的研究といえるイクレの記念碑的著作（邦題『紛争終結の理論』）が世に出る。

その後は主として *Journal of Conflict Resolution* 誌などを中心に一定の研究の蓄積がなされ、一九九七年には *Millennium-Journal of International Studies* 誌上でも戦争終結研究の特集が組まれている。

これらの研究の内容は多岐にわたるが、本書が主として依拠するのは、このなかでも「権力政治的アプローチ」によるものと「合理的選択論的アプローチ」によるものである。以下では両アプローチによる戦争終結研究を概観し、その意義と課題を検討する。

権力政治的アプローチ①――パワー

権力政治（パワー・ポリティクス）的アプローチは、「一方が他方を力（パワー）で打倒して勝敗が決着すること」によって戦争は終わるとの考えから発展したものである。つまり戦争終結においてパワー要因を重視するもので、代表的なのはローズによる研究である。パワー要因の主軸となるのはもちろん軍事力であるが、軍事力以外にも戦争終結に関して無視できないパワー要因は存在する。

たとえばジーヴ・モエツは、交戦勢力間の能力の格差よりも、動機や決意の格差を重視する。これを敷衍《ふえん》すると、「損害受忍」（コスト・トレランス）という概念に行き着く。これは戦争においてどれだけ損害に耐えられるかということであり、損害受忍の度合いが高い、つまり交戦相手よりもより大きな損害を受忍する覚悟がある側（たとえば第5章で見るベトナム戦争における北ベトナム）は、そうでない側（アメリカ）よりもより大きなパワーを行使できると考えられる。言い換えると、純粋な軍事力では不利であっても、そうしたパワーの非対称性は損害受忍度の高さで相殺できる。

権力政治的アプローチ②——構造的なパワー・バランスの変化

交戦当事者を取り巻く構造的なパワー・バランスの変化も、戦争終結に影響を与える。典型的なのが、同盟勢力の離脱と第三者の介入である。同盟勢力が離脱したり第三者が介入したりすると、それまで戦争継続の前提となっていたパワー・バランスが変化し、それによって不利になる側が戦争終結を求めようとすると考えられる。

一方、ジェームズ・スミスが論じるように、第三者の参戦が早期戦争終結には逆効果になるとの見方もある。それは参戦後の一方のパワーの増大を交戦勢力各々がちがうように評価する場合である。たとえば味方が増えた側が自分たちのパワーの増大を過大に評価して、思ったよりも長く戦争を継続できると考えたり、他方の側も相手方のパワーの増大を過小に評価して、まだまだ戦争継続は可能だと考えたりする場合、早期戦争終結にはつながらない。これに当てはまるのが、次章で見る第一次世界大戦におけるアメリカの参戦である。

戦争終結がパワーを用いた闘争の帰結である限り、パワー要因を無視して戦争終結を説明することは考えられない。また、ここでのパワーには軍事力以外のものも含まれるとの考え方が主流である。

権力政治的アプローチの限界

しかしながら仮に勝敗が明白であったとしても、一方の勝利が必ずしもただちに戦争終結を導くわけではない。第3章で見る太平洋戦争を例にとると、同戦争は日本本土がアメリカ軍の戦略爆撃によって灰燼《かいじん》に帰し、主要同盟国のドイツが降伏し、重要拠点である沖縄が失陥するなど、パワーによる決着がついたのちも続いた。

またパワー要因だけでは、なぜ戦争がある形態で終わり、他の形態で終わらなかったのかを説明することができないという問題が残る。第6章で取り上げる湾岸戦争で、多国籍軍側はイラクをパワーで圧倒したが、パワー要因だけではなぜアメリカがサダム・フセイン体制を打倒せず、延命させたのかは説明できない。

合理的選択論的アプローチ①――妥協

そこで権力政治的アプローチとともに、合理的選択論的アプローチを用いて考える必要がある。合理的選択論的アプローチは、戦争は単純にパワーによる勝敗で決着するとの見方をしりぞけ、戦争終結を「交戦勢力間の合理的な費用対効果分析の帰結」とみなす。

ここで戦争終結要因として重視されているのは、そのような合理的選択の結果としての、交戦勢力間の妥協である。ただし妥協に達するにはいくつかの条件をクリアしなければならない。

第一の条件は、費用に見合った効果は何かという評価それ自体ができるということである。戦争で費やされる人命や戦費が、たとえば相手国のどの領土と見合うのかを評価できなければならない。

第二に、妥協の前提となるような戦局の現状や将来の見通しに関する認識が、交戦勢力双方で一致することである。ダン・ライターは、次のように主張した。そもそも戦争が起こるのは、お互いに相手方の内部情報を知りえないので、開戦前にはどちらが本当に強いのかが分からないからである。実際に戦ってみてお互いが相手に関する十分な情報を得た時点で、つまりどちらが強いかがはっきりした時点で、戦争は終わる。このことをライターは「情勢判断によるパワーの配分の明確化」と表現している。この考え方が権力政治的アプローチと異なるのは、戦争終結を際限のない力比べの帰結だとは見ない点である。第4章で取り上げる朝鮮戦争で、国連側と共産側は実際に戦ってみて、お互いに相手を圧倒できないことに気づいた。

第三に、仮にライターの言う「パワーの配分の明確化」がなされ、交戦勢力双方がその時点でのパワーの配分が将来にわたって固定的であるとの認識で一致した場合でも、妥協が適切なタイミングや持ち出し方でなされることである。

たとえば、ジョージ・クエスターが論じるように、相手側の平和への望みを過小評価したり過大評価したりして、和平のシグナルが誤解されることがある。第3章で詳しく見るが、太平洋戦争中のポツダム宣言をめぐるアメリカと日本のやり取りがこれにあたる。

第四にライターも重視する、和平をめぐる「コミットメント（約束）問題」が解決されることである。コミットメント問題とは、相手が約束を履行してくれるかどうか信頼できない状況を指す。慶長《けいちょう》一九〜二〇年（一六一四〜一六一五年）の大坂の陣で、徳川方は大坂城の外堀の埋め立てを条件に豊臣方といったん和睦《わぼく》しながら、二の丸と三の丸も埋め立てたのちに落城させた。もし一方が「相手は大坂の陣の際の徳川方のように、和睦の条件を正しく履行しないかもしれない」と考えれば、和睦は成立しないし、成立しないことが合理的ということになってしまう。裏切りを防止するには、約束を守らないと評判を落とす（「観衆費用」）など、当事者間で約束遵守《じゅんしゅ》の利益が約束違反の利益を上回っていることが必要になる。

第五に、多国間戦争の場合、同盟管理の問題が処理されることである。第二次世界大戦中、アメリカ・イギリスの西側連合国とソ連は、お互いに同盟相手がドイツと単独講和するのではないかと恐れた（第2章参照）。単独講和を防止するために、同盟国間で統一された戦争目的や和平条件が設定できなければならない。

合理的選択論的アプローチ②——紛争の根本原因の除去

合理的選択論的アプローチから導かれるもう一つの戦争終結要因として、紛争の根本原因そのものの除去がある。

紛争の根本原因を放置したままでの戦争終結は、結局は一時しのぎにすぎず、今払わなければならない犠牲を単に将来に先延ばしにしただけかもしれない。「戦争になると、交戦国は互いに、戦前よりもさらにしっかりした永続的な安全保障となるような和平を求める傾向がある」とイクレは述べたが、それは妥協では達成できないことかもしれない。

紛争の根本原因を除去するためにとられる方策が、第二次世界大戦で連合国がドイツに対しておこなったような、完全勝利の追求と無条件降伏の強制である。無条件降伏の強制は、コミットメント問題の究極的な解決策でもある。加えてこれは、敵と条件を交渉しないというしばりを通じ、同盟相手国による敵との単独講和を防止する手段にもなる。

モエツは、決定的な軍事的勝利と強制的な決着を「帝国による平和」と呼び、交渉による決着を「勝利における深慮」と呼んで、後者より前者の方が安定的であるとした。ただし無条件降伏政策は交渉が許されないなど政治的制約が大きく、敵にとって最後まで戦う以外に選択肢がなくなり戦争を長引かせかねない、といったデメリットも抱える。

このように合理的選択論は、パワー要因だけでは導きえない戦争終結の形態を説明するうえで有力なアプローチであるといえる。

合理的選択論的アプローチの限界

ただしこのアプローチをとる研究では、妥協そのもの（必ずしも妥協の内容ではない）が成り立つ条件（最近では交戦勢力間の認識の一致やコミットメント問題が着目される）であるとか、特に近年は妥協と紛争の根本原因の除去とではどちらが平和にとって安定的かといった論点に関心が向かう傾向にある。

しかし一口に妥協といっても、たとえば太平洋戦争では、アメリカは日本軍部の影響力保持を含む戦前体制の温存のような、日本側が容易に受け入れられる和平条件を提示したわけではなかった。また紛争の根本原因の除去といっても、アメリカ側の一部が紛争の根本原因だととらえた天皇制の廃止にまで突き進んだわけではなかった。妥協と紛争の根本原因の除去のどちらかだけに着目しても、戦争終結においてある形態が選ばれた理由を明らかにするには不十分である。

「紛争原因の根本的解決と妥協的和平のジレンマ」

このように、戦争終結については、「パワー」「構造的なパワー・バランスの変化」「妥協」「紛争の根本原因の除去」が要因として説明されてきた。ただしこれらの諸要因は、戦争を終結に導く要因であるとしても、戦争終結の（時点を含む）形態をただちに説明できるものではなかった。戦争終結の形態について考察するためには、パワー要因を必要条件としたうえで、妥協および紛争の根本原因の除去の「関係性」に着目しなければならない。

これまでの研究では、紛争の根本原因の除去と妥協は別個に論じられる傾向にあった。しかし実は両者は相互に関係しており、なおかつそこでの関係性には一定の緊張状態を見出すことができる。この点についてはイクレが、「〝恒久平和〟を確立する希望のもとに長期戦化を図るか、それとも戦争の早期終結のため不満足でも解決策を受け入れるか」と述べて、このような緊張関係を示唆していた。

本書がイクレの議論をさらに進めて切り口とする視角は、戦争終結を主導する優勢勢力側が、交戦相手とのあいだでどのように戦争を終結させるかという問題について、二つの選択のあいだで板挟みになるということである。それは交戦相手とのあいだで、「紛争原因の根本的解決」をとるか、「妥協的和平」をとるか、というジレンマである。

優勢勢力側が「紛争原因の根本的解決」と「妥協的和平」のあいだでジレンマに陥るのは、どちらも一長一短だからである。優勢勢力側にとって、自国の完全勝利と交戦相手政府・体制の打倒によって紛争の根本原因を除去し、将来の禍根を絶つことがもっとも望ましいだろう。しかしながら、完全勝利を追求すればそれだけ自国の犠牲も増大することが予想される。かといって、犠牲を回避するために妥協を選んでしまうと、紛争が起こった根本原因は除去できず、決着を先延ばしにしただけに終わるおそれがある。ここにジレンマが存在する。

戦争終結に際して、「紛争原因の根本的解決」を望むと「現在の犠牲」が増大し、「妥協的和平」を求めれば「将来の危険」が残る。このトレードオフ（二律背反）に着目するのが、戦争終結をめぐる「紛争原因の根本的解決と妥協的和平のジレンマ」である。

ただし戦争終結をめぐるこのようなジレンマは、二者択一のものではない。一方の極に理念的な「紛争原因の根本的解決」（交戦相手を根絶やしにするようないわゆる「カルタゴ的平和」。紀元前二世紀、ローマは第三次ポエニ戦争に勝利し、敗れたカルタゴの存在を地上から抹殺した）がある。また他方の極に、やはり理念的な「妥協的和平」（交戦相手の要求の丸呑み）がある。実際の戦争終結の形態はこの中間のどこかに位置し、前者に傾く場合もあれば、後者に傾く場合もある。

「将来の危険」と「現在の犠牲」のバランス

そして「紛争原因の根本的解決」と「妥協的和平」のジレンマのあいだの答え（均衡点）を探るうえで重要なのが、優勢勢力側が「将来の危険」と「現在の犠牲」のどちらをより重視するかというシーソーゲームのなかで決定を迫られることである（図参照）。

ここでいう「将来の危険」と「現在の犠牲」のバランスは、客観的な基準が存在するわけではなく、優勢勢力側の主観的な判断にゆだねられる。また、「現在の犠牲」は単純に量的規模で評価されるわけではなく、損害受忍度、つまり戦争での損害をどれだけ受忍できるかの度合いに照らして判断されると考える。さらに、「将来の危険」と「現在の犠牲」のバランスは交戦期間中常に一定のものではなく、戦局の推移によって変化する。

「将来の危険」がどこまで許容されるかは、交戦勢力が「現在の犠牲」をどの程度認めうるかにかかっているし、逆に「現在の犠牲」がどこまで許容されるかも、交戦勢力が「将来の危険」の除去をどの程度達成しようとしているかに左右される。

「紛争原因の根本的解決と妥協的和平のジレンマ」の考え方は、戦争終結がパワーを用いた闘争の帰結である以上、基本的には勝者の論理である。敗者は勝者に「紛争原因の根本的解決」を押しつけられない。しかし、劣勢勢力側の影響を無視するものではない。劣勢勢力側

図　「紛争原因の根本的解決」と「妥協的和平」のジレンマ

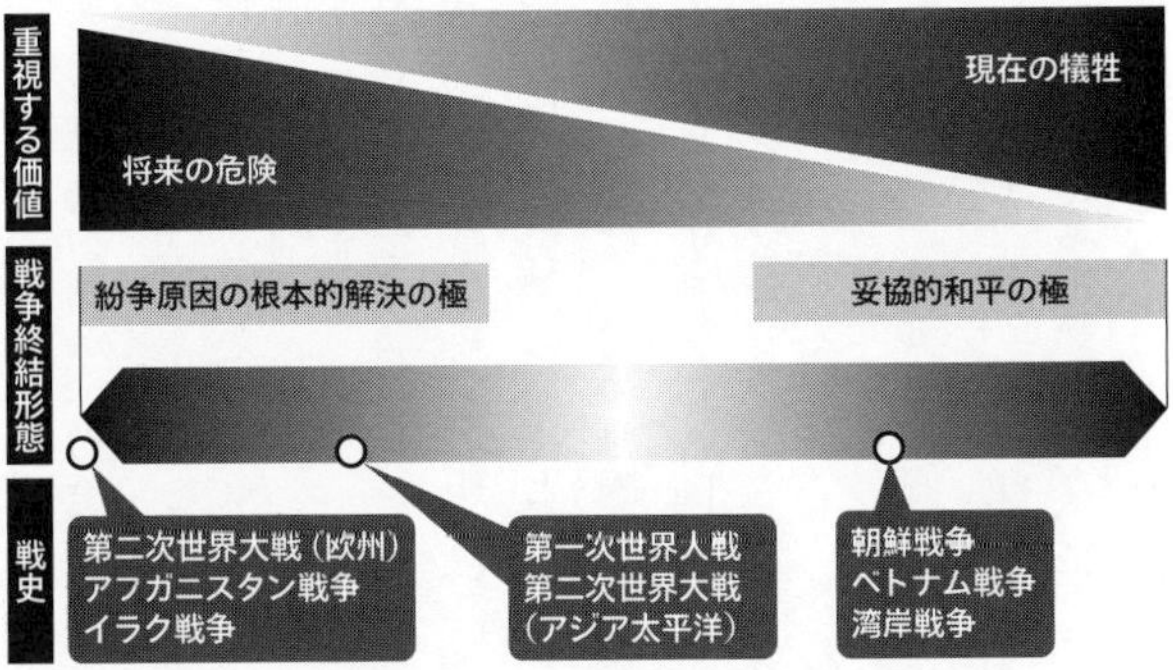

の影響はここで述べた「将来の危険」と「現在の犠牲」の概念を通じて優勢勢力側に作用する。

たしかに、軍事的結果が圧倒的であったり、優勢勢力側が「紛争原因の根本的解決」の極に固執したりする場合は、劣勢側の打つ手はきわめて限られる。しかし劣勢勢力は均衡点を少しでも「妥協的和平」の側に移動させるため、相手側が抱く「将来の危険」を低減させるか、相手側の「現在の犠牲」を増大させるというインセンティブを持ち、このことが優勢勢力側の判断に影響する場合もある（劣勢側に妥協するか、さらなる犠牲を覚悟しても妥協しないか）。この限りにおいて、「将来の危険」と「現在の犠牲」のバランスに対する劣勢側の評価も意味を持つ。

こうして「紛争原因の根本的解決と妥協的和平のジレンマ」の均衡点は、①優勢勢力側が「妥協的和平」で残る「将来の危険」よりも「紛争原因の根本的解決」を追求することで生じる「現在の犠牲」を許容するか（この場合「紛争原因の根本的解決」に傾く）、②逆に優勢勢力側が「紛争原因の根本的解決」を追求することで生じる「現在の犠牲」よりも、「妥協的和平」で残る「将来の危険」を許容するか（この場合「妥協的和平」に傾く）によって決まると考えられる。

戦争終結の三つのパターン

ここから、戦争終結形態についての以下の三つのパターンが導き出される。

第一に、優勢勢力側にとっての「将来の危険」が大きく「現在の犠牲」が小さい場合、戦争終結の形態は「紛争原因の根本的解決」の極に傾く。

第二次世界大戦で連合国は、ナチス・ドイツの「将来の危険」を根絶すべく、「現在の犠牲」に目をつむってでも「紛争原因の根本的解決」の極、つまりドイツの無条件降伏を勝ち取るまで戦った。

第二に、逆に優勢勢力側にとっての「将来の危険」が小さく「現在の犠牲」が大きい場合、戦争終結の形態は「妥協的和平」の極に傾く。

湾岸戦争で多国籍軍側は、フセイン体制の「将来の危険」を低く見積もり、逆にバグダッド進軍がもたらす「現在の犠牲」に敏感であったため、フセイン体制の延命を許すような

「妥協的和平」の極に傾いた戦争終結形態を選んだ。

第三に、優勢勢力側にとっての「将来の危険」と「現在の犠牲」が拮抗《きっこう》する場合、戦争終結の形態は不確定となる。この場合、劣勢勢力側にとって相手側に付け入る隙が生じる。優勢勢力側は、劣勢勢力側の反応を見きわめて均衡点を選択することになる。

太平洋戦争で日本は徹底抗戦を続けたため、アメリカは「紛争原因の根本的解決」の極に近い決着を求めながら、「現在の犠牲」を恐れて無条件降伏政策を修正した。ただし妥協しすぎると日本側のさらなる要求を呼び起こすことになり、「将来の危険」が除去できなくなる。その結果、対日降伏勧告であるポツダム宣言はあいまいな内容となった。

ここまで述べたことをまとめよう。本書はどのように戦争が終結するのかという問いに対して、「紛争原因の根本的解決と妥協的和平のジレンマ」という視角を提示する。そして戦争終結を主導する優勢勢力側が「将来の危険」と「現在の犠牲」のどちらを重視するかによって、「紛争原因の根本的解決と妥協的和平のジレンマ」を解く均衡点（実際の戦争終結形態）が決定されると考える。

このような視角は、単純に見えるかもしれないが、決して当たり前のことではない。たとえば直感的には、優勢勢力側が「紛争原因の根本的解決」を選ぶか「妥協的和平」を選ぶかはパワーに依存する、すなわち強者は常に「紛争原因の根本的解決」の極を追求し、交戦勢力間のパワーの配分が対称化するにつれて、つまり引き分けに近づくにつれて、「妥協的和平」が選択されると考えられるかもしれない。しかし「紛争原因の根本的解決と妥協的和平のジレンマ」の考え方によれば、このような直感とは異なり、強者が常に「紛争原因の根本的解決」の極を追求することにはならない。なぜなら、強者はまさに強さゆえに、「将来の危険」を恐れずに妥協できることになるからである（湾岸戦争のケース）。

こうして見ると、戦争終結には常にこれが正解というものはないということになる。ただ少なくとも、「現在の犠牲」をためらうあまり「将来の危険」を過小評価して安易な妥協をおこない、その結果短期間で平和が崩れたり、逆に「将来の危険」を過大評価して不必要な「現在の犠牲」を生んだりするような戦争終結は失敗であるといえる。

なお、ここでは伝統的な国家間戦争を主に想定している（内戦にはある程度応用可能）。少し視野を広げてみると、たとえばテロリストのような非国家主体が相手だと、「妥協的和平」を期待するのは難しい。また、宇宙・サイバー・電磁波などのいわゆる「新領域」の戦争では、パワー要因としてテクノロジーの優位性が重要になることに加え、テクノロジーで優位に立つ側は物理的な「現在の犠牲」を極小化したまま「将来の危険」を絶つことができるかもしれない。いずれも興味深い論点だが、本書ではまず戦争終結の基本的な論理をしっかりと押さえ、またこの論理を歴史を通じて跡づけることができるよう、なじみが深く事例も豊富な伝統的国家間戦争を対象とする。

国内政治的アプローチ

本書では戦争終結研究のなかでも、特に権力政治的アプローチと合理的選択論的アプローチにもとづいて「紛争原因の根本的解決と妥協的和平のジレンマ」という考え方をとる。

ところで、戦争終結研究にはほかにもいくつかのアプローチが存在する。その代表が「国内政治的アプローチ」である。国内政治的アプローチは、権力政治的アプローチや合理的選択論的アプローチとは異なり、交戦主体は必ずしも一枚岩ではなく、戦争終結の決定は国内の異なる選好を持つアクター間の力関係や駆け引きに左右されると見る。

戦争終結における国内政治要因に早くから着目したクラーク・アブトは、第一次世界大戦におけるドイツを念頭に、戦争終結を敗戦勢力側の国内政治における「リアリスト」（交渉を求める）、「主戦派」（消耗戦を辞さない）、「革命勢力」（革命を経たのちに交渉を求める）のあいだの争いの帰結であるとした（しかしほかの事例への応用は限定される）。

このアプローチに属する研究で近年注目されているのは、戦争終結には政治指導層の選好・影響力と指導層の入れ替えが重要であるとする学説である。

H・E・フーマンスは、第一次世界大戦期のドイツのような権威主義国家（民主主義国家と全体主義国家の中間形態。フーマンスは「半抑圧的で穏健な排他的レジーム〔政治体制〕」と定義）の政治指導者は、たとえ戦局の結果から自国が劣勢だと分かっても、不利な講和をすると国内的な処罰（国外追放、投獄、処刑など）を受ける可能性が高いので、戦争目的を拡大し、国内に利益を配分するため復活の賭けに出るとする。

フーマンスが言うように政治指導層の存在そのものが合理的な戦争終結の障害になっているとするならば、戦争終結にはリーダーシップの入れ替えが必要になる。エリザベス・スタンレーは、「政権を支持する国内集団の連合の変化」により、「それまでとは異なる利益や評価を持つ政治的アクターが権力の座につき、不十分であった情報の流れが変わり、国内の有権者や同盟国に政治的にからめとられることがなくなって」戦争終結にいたると説明する（ただしスタンレーによる事例研究の対象は朝鮮戦争のみ）。

国内政治的アプローチの立場をとる研究は量的にも比較的多く、議論も盛んである。しかし、国内政治はどこまで戦争終結の主要因といえるだろうか。というのも、戦争継続という選好を持ち、それを実現する影響力を有する政治指導層の存在そのものが合理的な戦争終結の障害になるということは、裏を返せば戦争終結の障害となるような政治指導層が存在し続けられる要因が別にあるはずだと考えられるからである。政治指導層の入れ替えという近年の論点についても、その結果戦争終結が容易になるというだけでなく、やはり戦争終結のための政治指導層の入れ替えが起こる要因が別にあると考えるべきであろう。

太平洋戦争の例でいえば、昭和天皇や日本陸軍がそうであったように、国内政治で影響力のある政治指導層が「主戦」を唱えるか「和平」を唱えるかは、結局は戦争終結の条件に依存する。したがって「主戦派」「和平派」というラベリングにはそれ自体には意味がない。また開戦時の日本の首相であった東條英機《とうじょうひでき》将軍が退陣し、政治指導層の入れ替えが起こったにもかかわらず戦争は続いた。

本書は国内要因や個人の役割を無視するものではないが、戦争終結を説明するためには、まずは戦争およびその終結という現象の本質であるといえる、交戦勢力間の闘争や相互作用そのものに着目し、そのうえで、国内政治的アプローチを副次的・補完的に用いるべきである。

このほかにも戦争終結研究には、人間の認知・心理に着目する「認知心理学的アプローチ」からのものや、「コンストラクティビズム（構成主義）的アプローチ」（社会的に構成される文化や規範、アイデンティティなどを重視する立場）からのものもある（詳しくは拙稿「戦争終結の理論――平和の回復をめぐるジレンマ」『国際政治』一九五号〔二〇一九年三月〕を参照されたい）。

*

以上のような戦争終結理論の視点を踏まえたうえで、次章以下では二〇世紀以降の主要な戦争の終結について歴史的に振り返っていく。叙述では一部一次史料も用いるが、関係者の日記や回顧録、先行研究など、日英両語の信頼できる比較的入手容易な資料に依拠している（なお、資料の直接引用の際には漢字は新字体を、仮名は平仮名〔現代仮名遣い〕を使用し、また適宜ルビを付した）。

またここでは戦争終結を、事実上のものとして考えたい。すなわち、交戦当事者間の実際の敵対行為が終結して一定の時間が経過してからの「法的な講和条約の締結」や「政治的な戦争終結宣言の発出」ではなく、敵対行為の結果としての「相手政府・体制の崩壊」、「休戦協定の締結」あるいは「降伏勧告の受諾」をもって、戦争終結とみなすことにする。

なお、本書における用語として、基本的に、敵対行為の休止に関するもっとも包括的な概念については「戦争終結」、軍事的な敵対行為の休止については「停戦」、これに政治的な要素を含むものを「休戦」、また双方にとって妥協的な色彩が濃い決着は「和平」、明示的か否かにかかわらず一方が敗北を認める場合の敵対行為の休止をその一方による「降伏」とする。

第１章

第一次世界大戦
――「勝利なき平和」か、懲罰的和平か

コンピエーニュの森の鉄道車両で休戦協定は署名された。前列右から２人目が連合軍総司令官フォッシュ

フランス北部のコンピエーニュ近郊の森は、第一次世界大戦の終結が不安定なものであったことを伝える場所である。

一九一八年一一月一一日、この場所で連合国と、中央同盟国の盟主であったドイツとのあいだで第一次世界大戦の休戦協定が署名された。戦勝国はドイツ本土には基本的に手をつけなかったとはいえ、ドイツに国外のみならずドイツ領アルザス＝ロレーヌ（エルザス＝ロートリンゲン。一八七〇～一八七一年の普仏《ふふつ》戦争でプロイセンがフランスから獲得した）からの撤退、ドイツ西部のラインラントの（講和条約履行のための）保証占領、損害賠償、艦隊の武装解除、海上封鎖の継続などを課した。さらにドイツが同年三月三日にブレスト＝リトフスク講和条約でロシアから得た保護国や賠償金といった権益をすべて放棄させた。この戦争での死者数は、連合国側約五〇〇〇万、中央同盟国側約三〇〇〇万である。

第一次世界大戦を「紛争原因の根本的解決と妥協的和平のジレンマ」の視点から説明すると、優勢勢力である連合国・アメリカ（アメリカは連合国ではなく「協力国」）は、自分たちの「現在の犠牲」よりも、ドイツによる「将来の危険」を重視した。その結果、戦争終結形態は「妥協的和平」ではなく「紛争原因の根本的解決」の極に近いものとなったといえる（ここから進んで「紛争原因の根本的解決」のまさに極にいたったのが、次章で見るヨーロッパにおける第二次世界大戦のケースである）。そのような決着は、アメリカ大統領ウィルソンの言う「勝利なき平和」を信じたドイツと、懲罰的和平にこだわった連合国側のギャップが生んだ不確かな平和でしかなかった。

また、第一次世界大戦では最終的な決着の前に、中央同盟国とロシア（戦死者数約一七〇万）のあいだで局地的な戦争終結がなされた。これもロシアに対して優勢であったドイツにとって、「紛争原因の根本的解決」の極に近い決着であった。

本章では第一次世界大戦の終結について、特に主要交戦国であるフランス、イギリス、ロシア、アメリカ、ドイツに焦点を当てて振り返る。

1　双方による妥協的和平の拒絶――平和の保障を求めて

「勝利なき平和」は可能か

一九世紀後半のドイツの統一と二〇世紀初頭にかけての台頭は、ヨーロッパの勢力均衡を揺るがし、ヨーロッパはドイツを警戒するフランス、イギリス、ロシアの三国協商と、ドイツ、オーストリア（オーストリア＝ハンガリー帝国）、イタリアの三国同盟に分断された。

一九一四年六月二八日にオーストリア領ボスニア南部のサラエボで起こったオーストリア皇嗣フランツ・フェルディナント大公夫妻の暗殺に端を発したオーストリアとセルビアのあ

いだの紛争（七月二八日、オーストリア、対セルビア宣戦）に、両国とそれぞれ同盟関係にあったロシアとドイツが引きずり込まれた（二九日、ロシア、対オーストリア動員。八月一日、ドイツ、対ロシア宣戦）。さらにドイツとフランス、イギリスとのあいだでも、お互いに相手に対する恐怖心が呼び覚まされて連鎖的に戦争が生じた（八月三日、ドイツ、対フランス宣戦。四日、イギリス、対ドイツ宣戦）。こうして三国協商にもとづく連合国と、三国同盟にもとづく中央同盟国とのあいだで第一次世界大戦が始まった（イタリアは連合国側に回って参戦した）。大戦はほどなくドイツの東西、すなわち東部戦線と西部戦線で膠着《こうちゃく》状態となる。

フランス、イギリス、ロシアは、一九一四年九月五日に「ロンドン宣言」に署名し、単独不講和を誓約した（一九一五年一〇月一九日に日本が加入し、一一月三〇日にはイタリアも加わって「五国宣言」となった）。連合国側の単独不講和の約束は、連合国間の結束を固めるとともに、足並みの乱れを防ぐためのものであった。

一方ドイツでは、一九一六年一二月一二日に帝国宰相テオバルト・フォン・ベートマン・ホルヴェークが帝国議会で和平交渉の提案を初めておこなった。この提案は一二月六日に連合国側のルーマニアの首都ブカレストが陥落したという、ドイツにとって有利な戦局を背景としてなされた。その内容は、ドイツ占領下にあったベルギーの事実上の保護国化、アルザス＝ロレーヌの保持などを求めるものであった。このころドイツの将軍たちは「大規模な獲物を入手してこそ将来の同様な攻撃から自国を守ることができることを主張した」と、歴史家のA・J・P・テイラーは述べている。

しかし、ドイツにとっての「現状」が一九一六年一二月だとすれば、連合国にとっての「現状」は大戦が勃発した一九一四年六月であった。ドイツの和平提案を受け、イギリス首相デイヴィッド・ロイド・ジョージは一二月一九日に下院での演説で、「連合国はプロイセンの軍事的支配の侵略から自分たちを防衛するために参戦した。〔中略〕連合国はプロイセンの軍閥が再びヨーロッパの平和を乱す可能性に対するもっとも完全かつ効果的な保証があってはじめて、戦争を終わらせることができる」と述べた。一二月三〇日、フランス、イギリス、ロシアは共同でドイツの和平提案を拒絶した。

この間の一二月一八日、アメリカのウィルソン大統領が連合国側に和平の仲介を打診した。これに対し連合国は翌一九一七年一月一〇日にアメリカに共同で覚書を提出し、仲介を拒否する一方、アメリカからの求めに応じ、和平条件を公表した。このなかで連合国は、ベルギーの主権回復、アルザス＝ロレーヌのフランスへの返還などをうたった。

一月二二日、ウィルソンは上院でいわゆる「勝利なき平和」演説をおこなった。この演説でウィルソンが訴えたのは、次のような理想であった。「勝利とは、敗者に強制される平和、敗者に課される勝者の条件を意味するだろう。それは、屈辱のなか、脅しの下で、耐えられない犠牲において受け入れられ、痛み、憤り、苦い記憶を残し、そのようなもののうえの和平条件は、永続せず、流砂のうえにあるにすぎないだろう。平等な立場のあいだの平和のみが持続しうる。原則自体が平等であり、共通の利益における共同の参加であるような平和のみが」。

しかしウィルソンの理想の実現は容易ではなかった。テイラーは、「あらゆる国で支配者たちは、戦争の終《ママ》らせることから生《ママ》れる結果を、戦争を継続することから生まれる結果以上に恐怖した。〔中略〕肚《はら》の底では、両陣営とも同じ目的をめざして戦っていた。つまり、二度と戦争が決して起きないような保障を増大させるという目的であった」と指摘する。

アメリカ参戦とロシア革命

ウィルソンはアメリカの仲介によって連合国・中央同盟国間で早期に「勝利なき平和」が達成されることを期待したが、ドイツが二月一日に無制限潜水艦作戦（相次ぐ客船撃沈のため停止されていた）を再開すると、三日にアメリカはドイツと国交を断絶した。そして四月六日、アメリカは対ドイツ宣戦をおこなった。

実はフランスやイギリスがドイツとの和平を真剣に検討しなかったのは、アメリカ参戦を当て込んでいたからでもある。ただし、アメリカは参戦後も連合国の単独不講和の誓約に加入せず、自らの立場を連合国（アライド・パワー）ではなく「協力国」（アソシエイティッド・パワー）と位置づけた。ともにドイツと戦いながらも、アメリカはフランス・イギリスなどとは一定の距離を保った。

一方、アメリカ参戦の約一か月前の三月一二日にロシアで二月革命（ユリウス暦）が起こり、ロシア皇帝《ツァーリ》ニコライ二世による帝政が倒れて臨時政府が樹立されると、ロシアの連合離脱が現実味を帯びた。

連合国に対する完全勝利をめざすドイツ軍参謀総長パウル・フォン・ヒンデンブルク元帥と参謀次長エーリヒ・ルーデンドルフ将軍は、四月二三日にドイツ西部のバート・クロイツナハでベートマン・ホルヴェークを交えておこなった会議で、アメリカの参戦後であるにもかかわらず、リトアニア、ラトビア西部のクールラントおよび中部のリガの併合、ポーランドの支配を構想した。この構想の目的について、ヒンデンブルクとルーデンドルフはドイツ皇帝《カイザー》ヴィルヘルム二世に、「ドイツ人を強化し、われわれの国境を改善することで、われわれの敵に長期にわたり戦争にあえて着手させないようにする」ことであると説明している。

歴史家のジョン・デイヴィスが指摘するように、「ドイツは、〔同年一一月の〕ボリシェヴィキ〔ロシア社会民主労働党左派で、革命を主導した。のちのソ連共産党〕革命以前から、ロシアの軍事的抵抗はまちがいなく崩壊すると考え、連合国は、アメリカの支持があれば無敵と考えた」。むしろドイツは、アメリカ軍の本格的な来援の前に決着をつけようとした。

こうして連合国・中央同盟国双方が「将来の危険」を重視し、「妥協的和平」を拒否していた。アメリカ参戦やロシア革命（によるロシアの戦線離脱の可能性）という構造的なパワー・バランスの変化も、早期戦争終結にはつながらなかった。

2 ロシアへの和平要求――ブレスト＝リトフスク講和

打倒されるより分割を

一九一七年一一月七日（グレゴリオ暦）、ロシアの首都ペテログラードでボリシェヴィキが武装蜂起《ほうき》し、臨時政府を打倒した（十月革命）。同日、第二回ソビエト（評議会）大会は「平和に関する布告」を発表し、全交戦国に「無賠償・無併合・民族自決」の原則にもとづく即時全面講和を呼びかけた。

しかしボリシェヴィキ政権の呼びかけに他の連合国とアメリカは応じず、むしろボリシェヴィキ政権の行動をロンドン宣言違反であるとして非難した。

一一月二六日、ロシア軍最高司令部がドイツ東部戦線軍司令部に休戦交渉を申し入れると、翌二七日にドイツはこれを受け入れた。一二月三日からドイツ軍占領下にあったロシア領ポーランドのブレスト＝リトフスクで中央同盟国とロシアの休戦交渉が開始され、一五日に休戦協定が署名された（一七日正午発効）。

ブレスト＝リトフスクでの交渉は一二月二二日から講和会議に移行した。ドイツはボリシェヴィキ政権が唱える無賠償・無併合・民族自決の原則を拒否した。そのうえでロシアに対し、ポーランド、リトアニア、ラトビア西部の放棄を要求した。

ドイツが厳しい講和条件を提示してきたことで、ボリシェヴィキ政権内ではドイツに対する革命戦争をおこなうべきだとする声もあった。しかしボリシェヴィキの指導者レーニンは、混乱に見まわれているロシア国内の安定を優先させるべきとの立場をとった。そして「連合国・アメリカと中央同盟国が講和してボリシェヴィキ政権打倒に協力するかもしれず、革命戦争は自殺行為である」として、ドイツとの即時講和を主張した。レーニンは一九一八年一月一一日にボリシェヴィキ政権の最高意思決定機関である中央委員会で、「革命は講和条件に署名することでしか救えない。打倒されるより、分割のほうがましだ」と演説した。

二月九日の講和会議でドイツ側代表の東部戦線軍司令部参謀長マックス・ホフマン将軍はボリシェヴィキ政権側代表を務めた外務人民委員レフ・トロツキーに対して、翌一〇日までに講和条件に合意できなければ「ドイツは休戦協定を破棄してロシアに侵攻する」と通告した。これに対してトロツキーは、ロシアは「戦争でもなく、講和でもない」との立場をとる、すなわち、戦線から離脱するが講和条約締結は拒否すると述べた。ホフマンには、トロツキーの発言の意味が理解できなかった。

二月一六日、ドイツは休戦協定の無効を一方的に宣言し、一八日に東部戦線でロシアに対する全面的侵攻を開始してペテログラードに迫った。ドイツは二月二三日にロシアに対し最後通牒《つうちょう》を発し、二四日午前七時を回答期限とした。

ドイツからの最後通牒を受け、ロシア側では同日に開かれた中央委員会でトロツキーが首都失陥も覚悟すべきだと主張した。しかしレーニンはなおも即時講和に固執した。結局、中央委員会および続いて開かれた最高統治機関であるロシア中央執行委員会での表決でレーニンの即時講和案が可決され、この日の真夜中にレーニン自ら講和条件受け入れをベルリンに打電した。

ロシアの連合離脱

こうして三月三日、ホフマン以下中央同盟国側代表と、トロツキーに代わってボリシェヴィキ政権側代表を務めたグレゴリー・ソコリニコフ財務人民委員のあいだでブレスト＝リトフスク講和条約が署名された。

ブレスト＝リトフスク講和条約でロシアは、武装解除のうえ、ポーランド、リトアニア、ラトビアに加え、エストニア、フィンランド、ベラルーシ、ウクライナの独立とそれら諸国のドイツによる事実上の保護国化に同意し、ロマノフ朝が過去二世紀にわたって手に入れた征服地のすべてを失った。この講和は、ロシア側が「抗議のもとに」条約に調印することを言明したように、事実上中央同盟国によって強いられたものであった。それでもボリシェヴィキ政権は、自分たちの政権を守ることを優先した。

しかしロシアの連合離脱は、他の連合国・アメリカと中央同盟国との戦争終結にはただちにはつながらなかった。

同年五月一二日にアメリカのセオドア・ローズヴェルト元大統領は『カンザス・シティ・スター』紙への寄稿で、ブレスト＝リトフスク講和条約を得たドイツについて、この「巨大な新たな帝国」は「自由な民衆にとって過去一〇〇〇年のあいだに知られたよりも大きな脅威となる」と述べ、強い警戒感を示した。またフランスのジョルジュ・クレマンソー首相も、一九一八年半ばにドイツ軍がパリを脅かした時ですら、「私はパリのまえで戦う。パリのなかで戦う。パリの背後で戦う」と演説し、必要ならば（フランス中部の）ロワールで、（南部の）ガロンヌで、（スペイン国境の）ピレネー山脈で、これらの山々から追い立てられれば、海で戦うと宣言したあとでこう述べた。「しかし和を講じることは――断じてしない」。

連合国とアメリカは、ドイツがブレスト＝リトフスク講和条約を得たにもかかわらず戦争終結を求めなかったのではなく、ブレスト＝リトフスクを得たからこそ、「将来の危険」を恐れて戦争終結を求めなかったのである。まだ他の連合国やアメリカとの戦争が継続中であったことを考えれば、ドイツがロシアに過酷な講和を押しつけたのは明らかにやりすぎであった。

3 「十四か条の原則」とドイツとの対話——ウィルソン覚書をめぐって

「十四か条の原則」発表

中央同盟国とロシアの戦争終結に先立つ一九一八年一月八日、ウィルソン大統領は上下両院合同会議で講和のための「十四か条の原則」を発表した。

このなかでウィルソンは、秘密外交の撤廃、公海自由の原則の確立、軍備の縮小、民族自決、ベルギーの主権回復、アルザス＝ロレーヌのフランスへの返還、そして「政治的独立と領土的統合を相互に保証するための一般的な諸国家の連合（のちの国際連盟）の設立」などを提唱した。

十四か条の原則は、ボリシェヴィキによる「平和に関する布告」に対抗するものであるとともに、「勝利なき平和」の理想に立ち、戦勝の分け前の配分をねらう連合国の動きを牽制するためのものでもあった。そして同年秋に生じる戦争終結に向けた動きに、一定の役割を果たすとともに、混乱をもたらすことにもなる。

「暗黒の日」を過ぎて

ドイツ軍はロシアを屈服させた勢いに乗り、三月二一日に西部戦線で総攻撃を開始し、以後計五回の大攻勢を実施した。しかし、連合軍とアメリカ軍によって優勢をくつがえされる、ドイツ陸軍史上「暗黒の日」と呼ばれる八月八日を過ぎると、ドイツ政府は急速に和平路線に傾くことになった。

八月一四日にベルギー西部のスパに置かれたドイツ軍大本営で開かれた御前会議で、外相パウル・フォン・ヒンツェ提督が皇帝ヴィルヘルム二世に、もはや軍事行動によって敵の闘争精神を破壊することは望めないと報告すると、皇帝も中立国の仲介により敵と「理解に達する」適当な時期を求める準備の必要があることを認めた。ドイツの事実上の指導者となっていたルーデンドルフ将軍も八月一五日に、戦争を勝利ではなく交渉によって終結せざるをえないことを認めたが、なおも一九一九年までは戦えると考えていた。

しかし中央同盟国側にとって戦況はさらに悪化し、オーストリアは九月一四日にドイツの圧力を排して連合国・アメリカ側に和平交渉を提案した（連合国・アメリカ側は拒否）。また九月二九日に中央同盟国側のブルガリアが連合国・アメリカ側に降伏し、バルカン戦線が崩れた。こうなるとオーストリアと中央同盟国側のトルコ（オスマン帝国）の降伏も時間の問題となり、ドイツにとってはそのあとに和平交渉を申し出ても立場が不利になるだけであった。九月二八日、連合軍とアメリカ軍のさらなる侵攻を恐れたヒンデンブルク元帥とルーデンドルフがスパで皇帝に、即時休戦の申し入れと講和交渉をになうにふさわしい新政府の樹立を迫り、皇帝はこれを承認した。

ルーデンドルフは、和平にともないベルギーとアルザス＝ロレーヌを放棄することを受け入れたが、無条件降伏を考えていたわけではなかった。ルーデンドルフが思い描いたのは、まだ無傷の軍隊が存在することを背景とした、ウィルソンの十四か条の原則にもとづく戦争終結であった。十四か条の原則には、公海自由の原則の確立など、連合国側にも不利な内容が含まれているうえ、これを受け入れることでドイツに対する懲罰的な全面勝利を求めるアメリカ国内の声に先手を打つことができると考えられた。またルーデンドルフは、ボリシェヴィズムに対する防波堤としてドイツが東部に占領地を保持することを連合国とアメリカが認めることも期待していた。

しかし、相手に譲歩を求めるのなら、自らが相応の「現在の犠牲」を払わなければならないはずである。のちに復讐を誓うほどに失望するくらいなら、ドイツはここで自国の運命をアメリカの不確かな寛大さにゆだねるべきではなかった。

ルーデンドルフが新政府の樹立を迫ったのは、ウィルソンがドイツの軍国主義と専制体制を批判し、民主化を要求していたためである。ドイツ憲法は皇帝をドイツ軍の大元帥と規定しており、軍部は帝国議会や文民権力の制約を受けなかった。そのためヒンツェが提案した議会主義政府の設置が、ウィルソンとの交渉を円滑にすると考えられた。そして九月二九日の御前会議で、直接折衝の相手は連合国ではなくアメリカのみとすることが決定された。

マックス内閣成立

ドイツ新政府の首班に選ばれたのは、帝国を構成するバーデン大公国の公太子で自由主義貴族のマックス（マクシミリアン）・フォン・バーデンであった。当初マックスは即時休戦申し入れに反対し（まずはドイツの現状から見て無理のない戦争目的を内外に宣言し、そのあとで宣言を基礎とした和平交渉を始めるのが順当であるとの立場）、一〇月三日に御前会議に出席して持論を展開したが、皇帝にたしなめられ、結局アメリカへの即時休戦申し入れに同意して帝国宰相に就任した。

マックスの内閣には、帝国議会多数派の社会民主党、中央党、進歩人民党から政党人が入閣した。その後一〇月二二日、マックスはドイツ国内で高まった革命ムードの機先を制すべく帝国議会で新憲法案を発表し、二八日に議会で承認された。ドイツは立憲君主制国家となり、「帝国議会は秘密・普通選挙による国権の最高機関であり、宣戦と講和の決定に参与する権能がある」こと、「内閣は軍部大臣を含め帝国議会に対して責任を負う」ことなどが急遽定められた。皇帝と軍部が半世紀にわたり抵抗し続けてきた改革が、三週間ばかりで達成された。

一〇月三日、マックスはウィルソンに休戦・講和交渉を打診し、五日にウィルソンのもとに伝えられた。ドイツ革命より約一か月前のことである。マックスの打診は、十四か条の原則に触れつつ、これを無条件に受諾するのではなく、同原則を「和平交渉の基礎として」受け入れるとしたものであった。

このころ、クレマンソー首相、ロイド・ジョージ首相、イタリア首相ヴィットーリオ・オルランドはパリ郊外のベルサイユで連合国最高戦争指導会議を開催し、ブルガリア降伏後の対応などをアメリカ抜きで協議していた。そこに一〇月七日になってアメリカ・ドイツ接触の一報が入り、連合国は警戒感をあらわにした。そして一〇月九日に、「ドイツの条件による休戦では不十分であり、講和をともなわない休戦後に敵が休戦時よりも有利な軍事的立場をとることになりかねない」との考えで一致した。連合国は約束の履行をめぐる「コミットメント問題」を恐れていた。

ウィルソンの第一覚書

戦争終結に関するウィルソンの基本的な考え方は、ドイツにリベラルな制度を導入し、軍国主義を完全に否定したのち、国際社会に再統合し、連合国に対する均衡勢力として利用しようとするものであった。またドイツにおけるボリシェヴィズムについても懸念していた。

マックスからの打診に対し、ウィルソンは一〇月八日にドイツに対するいわゆる「第一覚書」を発出し、九日に連合国にも通知した。その後第二、第三覚書と続くウィルソン覚書の第一弾目である。しかしのちのことを考えると、この時ウィルソンが連合国との事前調整のないままにドイツとの接触を開始したことは軽率であった。

このなかでウィルソンは、「ドイツ帝国政府が十四か条の原則を受け入れることが前提であり、討議に入る目的は同原則の適用の実務的詳細に合意することのみであることをドイツ帝国宰相は理解しているか」をただした。そして「討議の成功は中央同盟国が占領地からの即時撤退に同意することにかかっている」としたうえで、「帝国宰相はこれまで戦争を遂行してきた帝国を構成する権威のみを代表しているのか（ドイツ人民を代表しているといえるのか）」について明確な回答を要求した。

ウィルソンの第一覚書を受けてドイツ側は、一〇月一二日に次のように回答した。ドイツ政府は十四か条の原則を受け入れており、討議に入る目的は同原則の適用の実務的詳細に合意することのみであると理解している。ドイツ政府は他の連合国政府もウィルソン大統領の立場を受け入れるものと考えている。撤退に関する提議に従うが、その調整のために交戦勢力双方で構成する混合委員会の設置を大統領に託す。現ドイツ政府は帝国議会の大多数に信任されており、帝国宰相はドイツ政府とドイツ国民の名において発言している。このようにマックスの回答は、ウィルソンが第一覚書でただした三点をほぼ肯定する内容であった。

第二覚書の波紋

しかしこの間にウィルソンの立場はぐらついていた。

以前からアメリカ国内では、野党共和党のヘンリー・カボット・ロッジ上院議員が主張していたように、ドイツの無条件降伏を求める声が根強く存在していた。ロッジは八月二三日に上院で、「ひとことで言えば、われわれは、ベルリンへ行って、そこで和平を押しつけねばならない」と訴えていた。ロッジがイメージしていたのは、南北戦争(一八六一～一八六五年)で南軍を無条件降伏させた北軍の先例であった。アメリカ上院は一〇月一四日にドイツの回答に関する討議をおこなったが、そこでは懐疑的な声が優勢であった。連合国とちがって具体的な領土や権益の要求などがなかったアメリカでは、落としどころを見つけるよりも、理想主義や無条件降伏といった原則論が横行しがちであった。

ウィルソンとドイツの接触には、連合国側からも引き続き懸念が示された。イギリス外相アーサー・バルフォアは一〇月一三日にアメリカ側に宛てた電報のなかで、十四か条の原則は「連合国・アメリカ間で議論されていない」こと、「そのいくつかは様々な解釈を許し、イギリス政府が強く反対するものも含まれる」こと、「ドイツによる船舶への不法行為など言及されていない点が残されていること」などを指摘したうえで、連合国・アメリカ間で疑問点に関して早急に議論し、合意を得る必要があると主張した。同じ日にロイド・ジョージは友人の新聞社主に、「カルタゴの類推」にもとづく無条件降伏による和平の要求が好ましいとさえ示唆した。

ウィルソンにとっては、ロッジが主張するようなドイツへの無条件降伏要求や、そのためのドイツ本土侵攻などはまったくの論外であった。ウィルソンはドイツ側との折衝開始当初に、ベルリンに行こうなどと思うのは「ばかげたこと」だ、なぜならそのような企《くわだ》ては「百万ものアメリカの人命」を失うことになるだろうからだと語った。また、常に「支配層のドイツと人民のドイツ」という二分法を好んだウィルソンにとって、ドイツ人民に怨恨《えんこん》と復讐心を惹起《じゃっき》する本土侵攻は避けるべきであった。ところが、国内外からの批判の高まりを無視できなくなり、ウィルソンはドイツに対する態度をほどなく軌道修正する。

一〇月一四日、ウィルソンはドイツに次の内容の「第二覚書」を発出した。撤退の過程と休戦の条件は、アメリカ政府と連合国政府の軍事顧問の判断と助言に託し（ドイツが提案した混合委員会の設置を拒否する意）、アメリカ軍と連合軍の現在の軍事的優越の維持に対する絶対的な保護と保証がなくてはならない。ドイツが救命ボート攻撃を含む無制限潜水艦作戦や、現在のベルギーやフランスからの撤退に際しての理由のない破壊のような違法で非人道的な実践を続ける限り、休戦を考慮することに同意しない。世界平和を乱した専制権力を破壊するか、事実上の無力化に向けて縮小しなければならない。

ウィルソンが最後の点、すなわちドイツの政体変更にこだわったのは、ウィルソン自身がドイツ軍部を信用していなかったからであった。ただし、ウィルソンは必ずしもドイツ皇帝の退位まで求めていたわけではない。ドイツには制限された君主制が望ましいとしばしば語っていたように、皇帝の大権を削るのであれば在位については大目に見てもよいと考えていた節があるが、国内世論の反発を考慮して覚書の表現はあいまいなものとなった。ドイツの戦争継続能力に限界があったとしたら、ウィルソンの寛大さにも限界があった。

ウィルソンの第二覚書は、休戦交渉に対するドイツ側の楽観主義をくつがえした。一〇月一六日に第二覚書がドイツに伝えられると、皇帝はその内容に仰天した。一〇月一七日に開かれた内閣と軍部のあいだの最高戦争指導会議では、ルーデンドルフは前言をひるがえし、交渉打診の中止と戦争継続を主張し始めた。ルーデンドルフは、そのうちフランスが崩壊し、アメリカとイギリスが仲たがいするようになるかもしれないという希望的観測に心を奪われたが、マックスはそうした夢のような賭けに乗ることを拒否した。厳しすぎる条件を受け入れる前に、敵に「戦って条件を勝ち取ってみよ」と言うべきだとするルーデンドルフに対し、マックスは、「相手が勝てば、さらに悪い条件を押しつけてくるのではないか」と反論した。

翌一八日の閣議は、ルーデンドルフの主張を棚上げして、「占領地からの撤退に同意する」こと、「無制限潜水艦作戦に対する要求を受け入れる」こと、「政治制度の民主化に異議を唱えない」ことで一致した。一方ヒンデンブルクは一〇月二〇日にマックスに電話メッセージを送り、ウィルソンの第二覚書には同意できないと抵抗したが、マックスはヒンデンブルクの意見を無視することに決め、皇帝には内閣の方針が聞き入れられなければ辞任すると脅した。そして同日に、内閣の責任で、ウィルソンにドイツ側の回答を提示した。

この回答でドイツ側は、これまで要求していたドイツ軍の撤退に関する混合委員会の設置を取り下げた。また、撤退の援護のための破壊は常に必要であるとしつつ、規則違反は処罰するとし、救命ボート攻撃についても中立委員会による調査を提案したうえで、「和平交渉の妨げとならないよう、ドイツ政府は全潜水艦に客船攻撃の中止を命令した」と伝えた。ただし、ドイツの政体変更要求に対しては、「ドイツの状況は今まさに根本的な変化をこうむった。新たな政府は、平等、普通、秘密、直接の選挙権にもとづき、国民の代表の意志と完全に合致して形成された」と反論した。

ウィルソンの民主化要求は内容があいまいで、ドイツ政府はウィルソンの真意を測りかねた。その結果、連合国がさして重視していないこの問題に注意を奪われることになった。

第三覚書

これに対しアメリカ側では、一〇月二〇日に大統領からの意見聴取に対しフランクリン・レーン内務長官とアルバート・バーレソン郵政長官が、連合軍・アメリカ軍が（ドイツ西部を流れる）ライン川に達するまで戦争を継続すること、あるいはベルリンへ進撃することを主張した。連合国側でも一〇月二一日にロイド・ジョージの戦時内閣が、「ドイツ軍が妨害されることなく国境まで撤退できるような休戦協定を結ばないことが大切である」とする内容のウィルソンに対する緊急メッセージを承認した。さもないとドイツはまず休戦協定に署名し、次いでアルザス＝ロレーヌ問題やポーランド問題を協議する前に、講和交渉を打ち切るだろう。連合国はやむをえず、譲歩するか、休養し再編成された敵に対して戦端を再開しなければならなくなるだろう。勝利の成果はすべて失われるかもしれない。

こうした国内外の反応を背景に、ウィルソンが一〇月二三日にドイツに対して発出した

「第三覚書」では、休戦は「ドイツ側の敵対行為の再開を不可能にする」ものでなければならないという、これまでよりも厳しい表現が用いられた。また、ドイツの憲法改正は不十分であるとしたうえで、「もしアメリカが今のドイツの軍事指導者や専制的貴族と取引しなければならないのなら、〔中略〕アメリカは、和平交渉ではなく、降伏を要求しなければならない」と踏み込んだ。ここでもウィルソンが皇帝の退位まで要求していたかは明確ではない。

ただしウィルソンの第三覚書は、アメリカ大統領はドイツとの折衝について、連合国側に十四か条の原則を基礎とした講和を提案しつつ伝えるとした。同日、ウィルソンは連合国にこれまでのドイツとの非公式折衝の経緯を正式に通知した。

一〇月二四日にウィルソンの第三覚書がドイツに伝えられると、ヒンデンブルクとルーデンドルフはドイツの無条件降伏と皇帝の退位を要求するものであるとみなして激しく反発し、徹底抗戦を主張した。しかし同日午後の閣議では帝国宰相代理（マックスは風邪で欠席）の副宰相フリードリヒ・フォン・パイアー（進歩人民党）が、ルーデンドルフには「内心の不安定な徴候」が明らかに見られ、同将軍の反対を考慮する必要はないと断言した。またヴィルヘルム・ゾルフ外相と中央党のマティアス・エルツベルガー無任所相も、ウィルソンの民主化要求の機先を制し、休戦交渉を有利に運ぶためにも、内閣だけの責任で決定を下すことを主張した。

一〇月二五日と二六日、ルーデンドルフはヒンデンブルクをともなって皇帝に会い、ウィルソンの休戦条件を拒絶するよう訴えた。だが皇帝は既にルーデンドルフへの信任をなくしており、一か月前に休戦を求めてきたのに今度は交渉決裂を懇願するとは何事かと叱責して同将軍を解任した。

マックスの内閣が作成したウィルソンへの回答草案は、ドイツはウィルソンの回答を認識するとしたが、政体変更については、皇帝の退位問題には直接触れず、ドイツが人民政府を持つことを再度強調するにとどめた。加えて、最後に「ドイツは休戦の提案を待っているのであり、降伏の示唆を待っているのではない」との留保条件を付していた。

しかし、オーストリア情勢の急変がドイツの立場をさらに弱めることになった。オーストリアでは戦線崩壊とともに帝国内の諸民族の離反の動きが表面化しており、オーストリアは一〇月二七日に一八七九年以来のドイツとの同盟を離脱して連合国・アメリカ側に単独講和を申し入れた。さらに一〇月二八日にチェコスロバキアが、二九日にスロベニア・クロアチア・セルビアが独立を宣言し、三一日にはハンガリーが帝国離脱を決めるなど、近世以来のハプスブルク帝国の崩壊が始まった。オーストリアが単独講和を申し入れた日、ドイツはウィルソンに草案から留保条件を削除した回答を送付せざるをえなかった。

4　ドイツへの和平要求——コンピエーニュへの道

連合国・協力国最高戦争指導会議

一〇月二三日にウィルソン大統領が連合国側に発出した通知により、既に局面はアメリカ・ドイツ間の対話からアメリカ・連合国間の調整に移った。そして一〇月三一日から一一月四日にかけて、連合国の首相・外相にウィルソンの特別代表である大統領顧問のエドワード・マンデル・ハウスも加わった連合国・協力国最高戦争指導会議がベルサイユで開催され、十四か条の原則を連合国とアメリカの正式な休戦条件とすることの是非が討議された。

既に見たように、連合国側は休戦交渉ではなくただちに講和交渉をおこなうべきだとの考えであった。しかもいったん休戦協定が締結されてしまえば、世論は戦争は終わったとみなすので、ドイツが講和交渉で約束を反故にしても連合国が戦争を再開することは難しくなるかもしれない点も問題視された。しかし、実際には休戦と講和は分離されることになった。今講和交渉をおこなうと、十四か条の原則に立つアメリカと、懲罰的和平にこだわる連合国との見解の相違が表面化し、ドイツを利すると考えられたからである。

フランスはドイツの敗色が濃くなると、アルザス＝ロレーヌの奪還に加え、ラインラントの獲得も視野に入れ始めていた。ウィルソンはそうした連合国の動向を警戒し、一〇月二八日にハウスに「連合国側が過大すぎる成功や安全を得ることは、真の和平決着を、不可能とは言わないまでもきわめて難しくすることは確かだ」と打電した。

加えてウィルソンは、無条件降伏論者であったアメリカのヨーロッパ派遣軍総司令官ジョン・パーシング将軍に対しても手を焼くことになった。ウィルソンは一〇月二七日にパーシングに電信を送り、ドイツにおける軍国主義党派を利することになるとまずいので、「不必要に相手をおとしめてはならない」とし、ドイツ潜水艦Uボートの最終処分や同基地の占領、まだアメリカと連合国が確保していないドイツ領土の占領などは考慮すべきでないと伝えた。

ところがパーシングは一〇月三〇日に、ウィルソンの意向に真っ向から反する文書を、ハウスにも事前に相談せずに連合国・協力国最高戦争指導会議に提出した（三一日にハウスを通じてウィルソンにも提出された）。そのなかでパーシングは、アメリカ軍と連合軍は「無限に攻勢を続けることができる」と豪語した。アメリカ軍と連合軍の士気は高く、アメリカ軍は増勢を続けている。一方、ドイツ軍の人員は減り続け、士気は疑いなく低い。したがってパーシングは、「この状況を最大限生かし、ドイツに無条件降伏を強いるまで攻勢を続けるべきである」と結論づけた。もしアメリカと連合国がパーシングの言う通りドイツに無条件降伏を要求していたら、大戦はこの年には終わらず、アメリカ軍・連合軍はさらなる「現在の犠牲」を強いられたにちがいない。

「十四か条の原則」をめぐる理想主義 vs. 現実政治

ウィルソンはパーシングの反抗のみならず、連合国が十四か条の原則に冷や水を浴びせてくることにも閉口していた。連合国・協力国最高戦争指導会議でフランスとイギリスは、十四か条の原則のうち公海自由の原則の確立に反対し、またベルギーの主権回復とアルザス＝ロレーヌのフランスへの返還にはドイツによる賠償が含まれるとの立場をとった。イギリスは公海自由の原則によって、海洋帝国としての国益が脅かされることを極度に警戒していた。

とはいえ連合国も、ドイツに戦争再開が不可能になる条件を課すことができれば、それ以上の戦争継続は好ましくないとの考えに傾き始めていた。ロイド・ジョージ首相は一〇月二四日の閣議で、ベルギーの主権回復とアルザス＝ロレーヌの返還がすぐに達成されるのであれば、「イギリス世論はそれ以上の犠牲を容認しないのではないか」と述べていた。連合国側も次第に「現在の犠牲」を考慮せざるをえなくなっていた。

また連合国は、戦争が翌一九一九年春まで長引けば、アメリカが連合国に対して外交上優位に立つことになると考えており、戦争終結に際してのアメリカの影響力拡大を恐れていた。実際に、フランス側では連合軍総司令官フェルディナン・フォッシュ元帥の右腕であった参謀長マキシム・ウェイガン将軍がのちに、もし勝利が一九一九年に延期されていたならば「勝利は、主としてアングロ＝サクソン的なもの、しかも特にアメリカ的なものとなっていたであろう」と述べているような懸念が存在した。イギリス側でも、自治領南アフリカの国防相ヤン・スマッツ元帥は一〇月二四日に戦時内閣へ回覧した覚書のなかで、「もし今平和が到来すれば、それはイギリスの平和となるだろう」が、「もしわれわれがこの機会を愚かにも逃し、戦争がもう一年長引けば、〔中略〕まったく消耗したヨーロッパに課される平和は、アメリカの平和となるだろう」と警告した。

これとは逆にアメリカは、連合国に対する影響力は持続しないと考え、まだ影響力が発揮できるあいだに自分たちの和平構想を受け入れさせようとした。九月三日にハウスはウィルソンに、「連合国側が優勢になるにつれ、大統領の影響力は低下するでしょう。〔中略〕ゆえに私は、大統領は今、ご自分の計画のできるだけ多くを連合国に約束させるべきだと考えます」と書き送っていた。

さらに連合国は、戦争継続によるボリシェヴィズムのドイツへの浸透とヨーロッパへの拡大も恐れていた。

一〇月三〇日の連合国・協力国最高戦争指導会議で、ロイド・ジョージは、休戦協定の急速な締結を望んでいるとして、ドイツを戦闘再開ができない状態にするという結果が得られた場合には一時間でも余計に「大量殺戮《さつりく》を引き延ばすこと」はしたくないと述べた。クレマンソー首相も、軍事的成果が得られた以上休戦は順当であるとして歩調を合わせた。ロイド・ジョージはハウスに、公海自由の原則と賠償問題について留保すれば十四か条の原則を受け入れてもよいとする妥協案を提示し、クレマンソーも賛同した。

これに対しハウスは、連合国にドイツとの単独講和をちらつかせて揺さぶりをかけたが、ドイツを利することになる単独講和をアメリカ議会が認めないことを見透かしていたロイド・ジョージとクレマンソーは動じなかった。ロイド・ジョージは狡猾にも、この問題は来たる講和会議で話し合えばよいとハウスをいなした。実際のベルサイユ講和会議ではイギリスは公海自由の原則について、もちろん議論しなかった。

加えて、フォッシュが求めていたのは勝利に乗じたラインラントの占領であったが、今やハウスはフランスが十四か条の原則を支持することと引き換えに、休戦条件にアメリカ軍と連合軍によるラインラント占領を盛り込むことを容認していた。結局ベルサイユ講和条約ではラインラントについては非武装化が取り決められたが、フランスは領土としては獲得できず、一九一九年にフォッシュは同条約を評して「これは講和ではない。二〇年間の休戦だ」という不吉な予言をおこなうことになる。

ウィルソンの理想主義は、現実政治（レアル・ポリティーク）を信奉するロイド・ジョージとクレマンソーの前にいつの間にか骨抜きにされていた。フランス・イギリスはアメリカ以上にドイツの「将来の危険」を深刻に受け止めていた。そしてアメリカとドイツの単独講和を避けつつ、首尾よく自分たちの要求を押し通した。

革命の火の手上がる

こうしてアメリカと連合国がドイツとの休戦条件を固めつつあるなか、ドイツ国内には不穏な空気が漂い始めていた。

ドイツ国内では、アメリカと連合国が提示してくる休戦条件の厳しさが緩和されることを期待して、皇帝の退位を求める声が強まっていた。またこのころドイツ海軍軍令部と大洋艦隊司令部では、休戦交渉をぶち壊し、名誉ある死を選ぶために、北海沿岸のヴィルヘルムスハーフェン軍港のドイツ艦隊によるイギリスに向けた自殺的出撃が準備されていた。この噂がドイツ水兵たちのあいだに広まり、一〇月二九日に反乱が起こった。

ドイツ皇帝は一〇月三一日にスパの大本営に姿を現し、帝政の将来に関して楽観的な見通しにひたっていたが、この日ベルリンで開かれた閣議では、皇帝が自発的に退位することがほとんど全会一致で望まれていた。帝国宰相マックスと社会民主党は、休戦折衝中に革命を引き起こすわけにはいかないので、皇帝の退位と、皇帝と同様に戦争指導に責めを負うべきヴィルヘルム皇太子の廃嫡《はいちゃく》によって革命を防ごうとした。そのうえで幼少の皇孫ルイ・フェルディナントが皇位を継承することとし、ルイの叔父の誰かを摂政に立てることで帝政を守るとの打開策をまとめた。

一一月三日、ヴィルヘルムスハーフェンの反乱で逮捕された仲間の釈放を求めて今度はバルト海側のキール軍港の水兵たちが反乱を起こし、ここからドイツ各地で蜂起が広がり、革命の火の手が上がった。

国外でも、一〇月三〇日にトルコが降伏したのに続き、オーストリアが一一月三日に降伏した（休戦協定にはイタリア側から参謀次長ピエトロ・バドリオ将軍らが署名した）。ドイツの南部国境は無防備状態に置かれ、ドイツを取り巻く内外の情勢は一気に緊迫化した。

コンピエーニュの森

オーストリア降伏後の一一月五日、連合国・協力国最高戦争指導会議は、十四か条の原則にもとづくが、ただし公海自由の原則については「講和会議に先送りする」こと、侵略された領土の回復とは「連合国の全損害に対するドイツの補償を意味するものと解釈する」ことの二点を条件に、ドイツ政府と和を結ぶ意志を宣言する旨の回答をドイツに対し発出することとした。あわせて、連合軍・アメリカ軍の将軍たち（フランス軍総司令官フィリップ・ペタン将軍など）が起草したドイツに提示する休戦条件も決定した。

この決定は同日にウィルソンからドイツ側に伝えられた。ここにウィルソンとドイツのあいだの非公式折衝は終わり、連合国・アメリカとドイツとの正式な休戦交渉を開始するべく、ウィルソンはドイツ側に以後の連合国・アメリカ側代表であるフォッシュの下に代表を派遣するよう求めた。

ウィルソンからの通知を受けて、ドイツ政府は一一月六日にエルツベルガー無任所相を長とする休戦委員会を組織した。エルツベルガーは一一月八日に会見場所であるコンピエーニュの森に到着した。

森に停められていた鉄道車両のなかでフォッシュはエルツベルガーと会い、「交渉の余地はない」と言い添えてドイツ側への休戦条件をウェイガンに読み上げさせた。すなわち、ドイツ軍のベルギー、フランス、ルクセンブルク、アルザス＝ロレーヌからの撤退、連合軍とアメリカ軍によるラインラントの統治、ブレスト＝リトフスク講和条約の無効化、損害の賠償、艦隊の武装解除、海上封鎖の継続などであった。ドイツ本土は基本的に保全されるとはいえ、これらの条件はドイツ側が想定していたよりもはるかに厳しい内容であった。フォッシュはエルツベルガーに、一一月一一日午前一一時までに受諾の是非を回答するよう迫った。

勝手に退位を発表

この日の昼、スパではドイツ皇帝が、軍隊の先頭に立ってドイツ本国に進撃し、自らの手で革命を鎮圧してくれようと息巻いていた。しかし内閣の一角を占める社会民主党は前日の一一月七日に、大衆からの支持を分派の独立社会民主党に奪われることを恐れて、九日までに皇帝が退位することをマックスに要求し、通らなければ政権を離脱して革命運動に参加すると警告していた。ベルリンの現実を知るマックスは一一月八日夜に皇帝に電話で退位を懇願した。「ドイツを内戦から救い、終局に向けて平和を創造する皇帝としての陛下の使命を遂行なさるため、陛下のご退位が必要になりました」。

翌九日が、ドイツ帝国最期の日となった。午前七時、社会民主党から入閣していたフィリップ・シャイデマン無任所相はマックスに電話をかけ、一時間以内に皇帝が退位しなければ政権を離脱すると重ねて通告した。もう間もなくご退位される、とマックスは答えた。午前九時過ぎに再びシャイデマンがマックスに電話を入れると、退位は昼ごろになるとの見通しを伝えられた。シャイデマンはそれでは遅すぎると答えて辞任した。ベルリンでは武装した労働者や兵士たちが、皇帝退位を呼号して帝国議会議事堂を包囲した。マックスは革命運動への対応に忙殺され、とても休戦条件を検討するどころではなかった。

スパでは午前一〇時から御前会議が開かれ、皇帝はルーデンドルフの後任の参謀次長ヴィルヘルム・グレーナー将軍から、軍はもはや皇帝を支持していないことを告げられた。ベルリンのマックスからは、事態はもはや一刻どころか、分や秒を争うと迫られた。

午前一一時過ぎ、マックスは皇帝に無断で、皇帝が退位すると、電信局を通じ勝手に発表してしまった。さらにマックスは正午過ぎに、政権が革命勢力の手に落ちることを防ぐため、宰相の座を社会民主党の党首フリードリヒ・エーベルトに移譲した。

午後二時、帝国議会議事堂で薄いスープをすすっていたシャイデマンは、ボリシェヴィキに影響を受けたスパルタクス団の指導者カール・リープクネヒトが宮殿のバルコニーから社会主義共和国の樹立を宣言しようとしたのに先手を打って、議事堂の窓から群衆に向かい、即興で、帝政の廃止と「ドイツ共和国」の成立を宣言した。眼下の数万の群衆はその言葉を公式の布告と同じように受け止めた。皇帝は激怒したが時既に遅く、その夜特別列車でオランダに向けて逃げ出した。

一一月一〇日、エーベルトは臨時政府である「人民代表委員会」を組織し、革命の激化を避けるため休戦協定の即時受諾を決断して、日にちをまたいだ一一日午前二時過ぎにコンピエーニュのエルツベルガーに知らせた。同日午前五時、鉄道車両のなかでフォッシュおよびイギリス代表の第一海軍卿ロスリン・ウェミス提督とエルツベルガーは休戦協定(「ドイツとの休戦条件」)に署名した。なお休戦交渉にアメリカ代表は参加していない。

翌一九一九年六月二八日、奇《く》しくもサラエボ事件が起こったのと同じ日に、ベルサイユ講和条約が署名された。同条約を批准しなかったアメリカは、別途一九二一年八月二五日にドイツとベルリン講和条約に署名した。連合国とアメリカの足並みは、最後までそろわなかったのである。

＊

第一次世界大戦の終結には、その直前に一方の交戦当事国であるドイツで革命が起こったという特徴がある。とはいえ歴史家のピエール・ルヌーヴァンが指摘するように、革命という国内要因が敗北の原因だったのではなく、敗北が革命の原因だったのだから、この戦争の終結についてもやはり「紛争原因の根本的解決と妥協的和平のジレンマ」という視点から考えるべきである。

このような視点から第一次世界大戦を考えると、終結形態は「紛争原因の根本的解決」の極に近いものであった。「紛争原因の根本的解決」の極としては、ロッジやパーシングが主張したような、連合国・アメリカ側によるドイツ侵攻と無条件降伏の強制が考えられた。逆に「妥協的和平」の極としては、ドイツが大戦末期までこだわった、ベルギー、アルザス＝

ロレーヌの保持や、ロシアの犠牲のうえにブレスト＝リトフスクの権益確保をドイツに許すことなどが想定された。

アメリカの来援を得て優勢となった連合国側は、「将来の危険」を考慮すれば、ドイツに妥協して戦争を終結させるわけにはいかなかった。特にロシアの連合離脱後も戦争が継続されたように、多国間戦争において局地的戦争終結が他の交戦勢力にとっての「将来の危険」を高める場合、必ずしも全面的な戦争終結にはつながらないことが分かる。また第一次世界大戦は総力戦となったため、「妥協的和平」を国民に納得させるのはそもそも困難であった。さらに、「紛争原因の根本的解決」の極に近づくことになっても、それによる連合国・アメリカ側の「現在の犠牲」は、フランス・イギリス・アメリカのあいだで分散させることが可能となった。

一方、ウィルソンやフランス・イギリスは、ドイツ本土戦と無条件降伏の強制は不必要であると考え、そのために「現在の犠牲」を払うつもりはなかった。無条件降伏論者の主張は結局抑え込まれたものの、ロッジやパーシング（ドイツの脅威を過大に見積もり、アメリカ・連合国の犠牲を過小に見積もりがち）と、ウィルソンやフランス・イギリスとの見解の相違は、「将来の危険」と「現在の犠牲」のバランスに対する評価の差に起因していた。

ここで問題となってくるのが、ウィルソンが掲げた「十四か条の原則」という理想主義的な講和原則である。次章で見るヨーロッパにおける第二次世界大戦のケースでは、連合国側のアメリカ・イギリスとソ連がともに相手がナチス・ドイツと単独講和することを恐れ、自分たちのあいだの結束を固めようとしたことが、無条件降伏政策が掲げられることになる背景の一つであった。これに対し、第一次世界大戦では、無条件降伏政策をとらなかった分、連合国・アメリカ間の結束は緩やかであり、そもそもアメリカは参戦後も協力国という立場であった。ウィルソンとフランス・イギリスのあいだで、無条件降伏の強制を求めないという点では一致していたにせよ、それでもドイツの「将来の危険」に対する評価をめぐっては温度差があった。

ドイツが休戦に応じようとしたのは、十四か条の原則を「妥協的和平」につながるものとして最大限都合よく解釈したからであった。ところが実際には、ウィルソン自身の決意の揺らぎと、ウィルソンの理想主義よりも伝統的な現実政治に信を置くフランス・イギリスの権謀術数により、十四か条の原則は骨抜きにされた。それでもドイツは革命の影響もあり、連合国・アメリカが提示してきた休戦条件を受け入れざるをえなかった。

このような形態での戦争終結は、わずか二〇年で二回目の世界大戦を引き起こしたという意味で失敗であった。第一次世界大戦終結の失敗は、連合国・アメリカが「紛争原因の根本的解決」の極に近い決着を手にできるほどドイツを打ち負かしていなかったにもかかわらず、ドイツに過酷な条件を、十四か条の原則の皮をかぶせて受け入れさせたことにある。連合国・アメリカは実際に手にした「紛争原因の根本的解決」の極に近い決着を求めるのであれば、「現在の犠牲」をいとわずドイツ本土に侵攻しなければならなかったであろう。あるいは「現在の犠牲」を避けたいのであれば、ウィルソンとドイツとの対話初期にドイツの回答を受諾しなければならなかった。そうならなかったのは、十四か条の原則をめぐる連合国側の足並みの乱れに起因している。ウィルソンが連合国との事前調整なしにドイツとのあいだで覚書を通じた折衝を開始したことは軽率であった。

一方のドイツも、敗者にできることは限られていたとはいえ、あとになって失望するくらいなら、十四か条の原則に安易に飛びつくべきではなかった。相手に譲歩を求めるために自らが相応の「現在の犠牲」を払う覚悟がない以上、アメリカのみならず連合国の動向も冷静に分析し、楽観を排すべきであった。

また、この間の中央同盟国とロシアのあいだの局地的戦争終結も、「紛争原因の根本的解決」の極に近い決着であった。これは中央同盟国側から見て革命直後のボリシェヴィキ政権下のロシアがあまりにも弱体であり、「現在の犠牲」を低く見積もることが可能であったのに対し、ボリシェヴィズムの浸透や二正面作戦を再び強いられる「将来の危険」があったためである。しかしドイツがブレスト＝リトフスクで過酷な講和を押しつけたことは、まだフランス、イギリス、アメリカとの戦争が続いているなかで、相手にとってのドイツの「将来の危険」を高め、結果的に平和を遠のかせたという点で誤りであった。

そしてボリシェヴィキ政権は、打倒されるよりも分割される方を選んだ。「勝利なき平和」を信じたドイツは、実際には懲罰的和平を押しつけられることになった。このことは、戦後ドイツの怒りを高めた一方、ドイツの「将来の危険」を除去するには十分でなかった。そして歴史は、二度目のコンピエーニュへと歩みを進めることになる。

第2章

第二次世界大戦〈ヨーロッパ〉
——無条件降伏政策の貫徹

陥落寸前のベルリン（akg-images/アフロ）

世界は彼を許さなかった。

瓦礫《がれき》の山と化したベルリンの地下壕で一九四五年四月三〇日にドイツ第三帝国総統ヒトラーが自殺に追い込まれたあと、ドイツ軍は五月七日にフランス北東部のランスで連合国に無条件降伏した。そして六月五日に、ドイツ国家の主権は、アメリカ、イギリス、ソ連、フランスの連合四か国が掌握《しょうあく》することになる。ヨーロッパにおける第二次世界大戦の死者数は、連合国側で三〇〇〇万人以上、ドイツ、イタリアなどの枢軸国側で八〇〇〇万人以上に上った。

勝者となった連合国はドイツの「将来の危険」に対しては第一次世界大戦の時以上に重視し、ナチズム体制の存続を決して容認せず、「現在の犠牲」に目をつむってでも相手の無条件降伏、つまり「紛争原因の根本的解決」の極を勝ち取るまで戦いを続けた。

また連合国によるドイツの打倒までに、第二次世界大戦では主に二つの局地的な戦争終結がなされた。一つ目は、一九四〇年六月二二日から二四日の枢軸国によるフランスとの戦争終結である。ここで戦死者数約九万の犠牲を払ったフランスは、全土併合は免れたものの、武装解除のうえ、パリを含む本土の五分の三をドイツに占領されるという、「紛争原因の根本的解決」の極に近い戦争終結形態を強いられた。

二つ目は、一九四三年九月三日の連合国によるイタリアとの戦争終結である。イタリア(この時点での戦死者数約二三万)は、武装解除されたのみならず、連合国との休戦後にドイツから攻撃を受けることを防ぐというもっとも重視した条件も満たされなかった。ただ、ドイツが強いられたような無条件降伏は回避された。

本章ではヨーロッパにおける第二次世界大戦の終結を取り上げ、主要交戦国であるアメリカ、ソ連、イギリス、フランス、ドイツ、イタリアの動きを見ていく。

1　イギリスの和平拒絶・フランスの屈服——ドイツの快進撃と連合国の分裂

ヒトラーの「平和」

第一次世界大戦に敗北したドイツは、戦勝国から過酷な講和を押しつけられただけでなく、世界恐慌に直撃された。そうしたなか、ヒトラー率いるナチスが政権を握り、ベルサイユ体制の打破を唱え、オーストリアを併合し、チェコスロバキアを占領するなど、東ヨーロッパを侵食し始めた。一九三九年九月一日、ドイツ軍がポーランドに侵攻し、これに対して三日にイギリス・フランスがドイツに宣戦を布告して第二次世界大戦が勃発した。ドイツ軍はソ連軍とともに一〇月一日までにポーランド全域を制圧する。

ポーランド制圧後の一〇月六日、戦局において優位に立つヒトラーはベルリンで演説し、イギリスとフランスに和平交渉を呼びかけた。ヒトラーは、イギリス・フランスに対しては必ずしもポーランドと同じように完全に制圧しようとしていたわけではなかった。ただしヒトラーにとっての平和は、歴史家のウィリアム・シャイラーが述べているように「ロンドンが第三帝国の大陸支配を認める」という意味であった。

しかし、この直後の一〇月一〇日にフランスのエドゥアール・ダラディエ首相が、一二日にはイギリスのネヴィル・チェンバレン首相がヒトラーとの和平交渉を拒否する回答をおこなった。イギリス・フランスにとって、ナチズムの「将来の危険」は到底無視できるものではなかった。イギリス・フランスからすれば、たとえドイツとのあいだで「妥協的和平」が得られようとも、ドイツに世界征服実現のための休息時間を与えるだけであった。翌一九四〇年三月二八日にロンドンで開かれたイギリス・フランス最高戦争会議で、両国はドイツとの単独不講和に合意した。

それでもドイツはイギリス・フランスとの和平を望んでいた。ドイツ軍がベネルクス三国（ベルギー、オランダ、ルクセンブルク）とフランスへの全面攻撃を開始した五日後の五月一五日、ドイツのヘルマン・ゲーリング航空相は、フランスのポール・レイノー首相（三月二一日に就任）宛に和平を打診した（レイノーは拒否）。

ヒトラーはフランスとの和平を足がかりに、イギリスと妥協できると信じていた。ヒトラーがイギリスとの「妥協的和平」を求めた背景には、海峡を隔《へだ》てたイギリス本土侵攻がフランス侵攻ほど容易ではなく、「現在の犠牲」を覚悟しなければならない反面、イギリスがドイツの脅威となる「将来の危険」は少ないと考えられたことがある。またヒトラーはイギリスが戦線にとどまることで、アメリカが介入する可能性を恐れたし、その後のソ連侵攻も視野に入れていたので、イギリスとの早期和平が得策であった。六月二日にヒトラーはフランス北部のシャルルビルでドイツA軍集団司令官のゲルト・フォン・ルントシュテット元帥に会い、「イギリスは恐らく講和を望むだろう。そうしたらボルシェヴィズムと最後の決着をつけよう」と語った。

一方フランスに関しては、「フランスは地べたに叩きつけてやらねばならない。フランスはつけを払わなければならないのだ」と述べ、イギリスよりも厳しい条件での戦争終結を示唆した。

チャーチルの決意

一方イギリスとフランスは、ドイツ軍の快進撃を前に決断を迫られることになった。ロンドンではドイツとの和平を求める声が上がった。五月二六日に開かれた閣議で外相ハリファックス卿は、イタリア首相ムッソリーニの仲介によるドイツとの和平を求めた。ムッソリーニはドイツの台頭を懸念するはずだと考えられたからである。席上ハリファックスは、

「わが国の独立が侵されることを想定せずにすむような条件が得られる可能性があれば、それを受け入れないのは馬鹿げている」と主張した。

イタリア仲介策については、五月二七日にアメリカが働きかけをおこなったが、イタリア側から峻拒《しゅんきょ》された。イタリア仲介策が潰《つい》えてもなおハリファックスは五月二八日の閣議でアメリカのフランクリン・ローズヴェルト大統領による仲介を提案した。

このような対ドイツ和平案に毅然《きぜん》と立ち向かったのは、五月一〇日にチェンバレンに代わって首相に就任し、戦時内閣を率いることになったチャーチルであった。チャーチルは、アメリカ仲介策はアメリカのイギリスへの敬意を失わせることになり逆効果になるとして受け入れなかった。そのうえでチャーチルは閣議で次のような決意を語った。

「もしわれわれが、このまま進み続け、徹底的に戦った場合よりも良い条件をドイツから得ようとして今和平を求めようと考えるのは無意味である。ドイツ人はわれわれの艦隊を奪うだろう――つまり『武装解除』ということだ――、海軍基地その他を奪うだろう。われわれは奴隷国家となり、ヒトラーの傀儡《かいらい》であるイギリス政府が樹立される――『モズレーか、似たような連中の下で』」（オズワルド・モズレーはイギリス・ファシスト同盟の指導者）。

チャーチルの強い態度に接したハリファックスは、それ以上の反論をしなかった。こうしてイギリスの戦時内閣はこの日、ドイツとの和平交渉をおこなわないことを決定した。

六月四日、チャーチルは下院で次のように演説した。「たとえヨーロッパの広い地域と多くの古い、名高い国がゲシュタポ〔ドイツ秘密国家警察〕と憎むべきナチ支配機構の手中に落ち込み、あるいは落ち込むおそれがあるとしても、われわれはひるんだり、屈したりはしないでしょう。われわれは行きつくところまで行くでしょう。われわれはフランスで戦い、海や大洋で戦い、確信と力をもって空で戦うでしょう。われわれはいかなる犠牲を払っても、本土を守り抜くでしょう。われわれは海岸で戦い、上陸地点で戦い、野原や市街で戦い、山中で戦うでしょう。われわれは決して降服しないでしょう」。

戦局は厳しく、少なくない「現在の犠牲」を払わなければならない。それでもこの演説でチャーチルは、「本土あるいはその大部分が征服され、飢えに苦しむようになっても、海をへだてたわが帝国は、イギリス海軍を武器とし、それに守られて戦いを続け、いつか必ず、新世界がその全力をあげて、旧世界の救援と解放に立ち上がる日を迎えるでありましょう」との希望を語った。ドイツと海峡を隔てるイギリスには、勝算がまったくないわけではなかった。何よりもイギリスは、まだアメリカ参戦の可能性があると信じることができた。イギリスは、自国が守ろうとしている民主主義という価値が「現在の犠牲」に耐えるのに見合うものだと考え、また構造的なパワー・バランスを自国に有利なかたちで変えうる可能性が客観的に存在すると判断することができた。

いていた。

屈服か、北アフリカか

チャーチルの指導の下で戦争継続を決意したイギリスに比して、フランスの立場はぐらついていた。

イギリスがドイツとの「妥協的和平」の結果を恐れたように、フランスでも、ドイツの目的はベルサイユ体制の破壊とヨーロッパでの覇権確立にあり、ドイツが覇権を握る手段を持つ限り戦争を続けなければならないとの考えがあった（前年一〇月一一日に海軍軍令部総長のフランソワ・ダルラン元帥が記したメモ）。休戦すればフランスが武装解除を迫られることは間違いなかった。さらに休戦はフランスのイギリス・アメリカとの関係を危険にさらすことになり、最終的にイギリスがドイツに勝利したときにフランスの発言力はなきに等しいものとなるだろう。フランスには、植民地帝国と艦隊を背景に、まだ戦争継続能力がある。たとえ本土で敗れても、北アフリカのフランス領に逃れて抵抗を続けるべきである。

こうした考えに立つレイノーは、前述の通りゲーリングからの和平の打診を拒否していた（五月二〇日）。そしてフランス最北端のダンケルクで敗れたイギリス・フランス軍の撤退（この撤退作戦の成功によりイギリス海外派遣軍は辛うじて壊滅を免れ、チャーチルの継戦意志を支えた）が始まった五月二六日、ロンドンに飛び、ともに単独不講和を約束しているイギリスに対してさらなる戦争努力を求めた。レイノーは五月二九日に連合軍総司令官マキシム・ウェイガン将軍に対し、フランス北西部のブルターニュに要塞を構築する準備について研究するよう求め、また北アフリカからでも戦争を継続する意志を伝えた。

しかしレイノーのような継戦派に対し、和平派と呼ばれる人びとは、もはやフランスには戦争継続能力はないと判断していた。政府がフランス本土から離れて戦争を続けることは、フランスの魂を殺すことになる。イギリスが勝利したり、アメリカが参戦したりする可能性はきわめて低い。ドイツよりも恐れるべきなのは、共産主義者による政権奪取である。むしろ、今後ドイツが打ち立てるであろう新秩序のなかで、フランス帝国を存続させ、独自の地位を獲得するべきである。和平派の代表格は副首相である八四歳の老フィリップ・ペタン元帥であり、ウェイガンも与《くみ》していた。

ペタンは、イギリスとの単独不講和の約束について、「フランスとイギリスとのあいだに義務の完全な相互性があるかどうか」という点を問題にしていた。言い換えれば、イギリスはこの戦争を通じてフランスに一方的に犠牲を強いていると見ていた。イギリスはドイツ軍のイギリス本土侵攻に備えてフランス戦線にすべての戦闘機を投入していなかったが、ペタンは、イギリスが戦闘機を温存しているのは来たるドイツとの和平交渉の際の取引材料にするためだと疑った。当時フランスの国防次官であったド・ゴール将軍は、ペタンについてこう記している。「一八七〇年〔普仏戦争〕の翌日に甲冑を鎧《よろ》ったこの老兵〔中略〕の判断においては、抗争の世界的性格、海外領土のもつ可能性、ヒトラーの勝利のもたらすイデオロギー的諸結果、こういったものはまったく考慮に入らなかった」。

六月九日、ペタンはレイノーに対し、ドイツと休戦することを正式に要請した。ウェイガンも、この翌日の六月一〇日の会合でポール・ボドゥアン外相に、「どうせ負けるのだったら、なんで無駄な血を流しつづけるのか。なぜ物資の損耗を重ねるのか。なぜフランスの全土を敵の手に渡し、社会的分裂状態におとしいれるのか。なぜ全軍隊をドイツに引渡すのか。……それに、抵抗をこれ以上つづけることは不可能である。北アフリカでは？　われわれは抗戦の手段を持っていない」と論じている。

ペタンの要請に対してレイノーは、ヒトラーを相手に「名誉ある休戦」はありえず、連合から離脱するのははなはだしく慎重さを欠くと答えた。しかしレイノーの政府は六月一〇日にパリを放棄し、一一日にフランス中部のトゥールに脱出した。六月一〇日にはイタリアがドイツ側に立って参戦しており、フランスはさらなる窮地に立たされた。

トゥールにおける六月一二日の閣議でも、内閣は継戦派と和平派に分かれた。レイノーはウェイガンとペタンに向かって、「あなたがたはヒトラーを、〔普仏戦争で〕われわれからアルザス＝ロレーヌを奪っただけの老紳士ヴィルヘルム一世〔プロイセン国王〕と取りちがえている。しかし、ヒトラーは、チンギス・ハーンなのだ」と主張した。さらにレイノーは、政府がブルターニュに移り、そこで敗れればさらに北アフリカに移ることを提案した。

これに対しウェイガンは、「ブルターニュの要塞」は「首相の想像のなかに存在するだけ」だと言い切った。ウェイガンは翌一三日にレイノーに述べたように、軍が健在であるうちに停戦を申し入れる必要があるとの考えであった。また北アフリカへの転戦は、フランス陸軍（ペタンやウェイガン）としては認めるわけにはいかなかった。政府と海空軍が戦争を継続し、陸軍だけが敗北の汚名を着せられることになるからである。結局閣議で両派は、政府をさらにフランス南西部のボルドーに移すことについてだけは一致した。

パリの鉤十字旗

イギリスは動揺するフランスをなんとか連合に引き留めようとした。チャーチルは六月一三日にトゥールを訪れて、レイノーにアメリカ参戦の希望について力説した。これを受けてレイノーもローズヴェルトに打電して「アメリカの力の投入」を要請した。しかし、「ローズヴェルトから前向きな返事が来たならば戦争を継続する」というレイノーの決意に、フランスの閣僚は誰も賛成の声を上げなかった。

六月一四日、ドイツ軍はパリに入城し、エッフェル塔や凱旋門に鉤《かぎ》十字旗がひるがえった。

この日フランス政府はトゥールからボルドーに逃れた。

ボルドーのレイノーは六月一五日にイギリスのロナルド・キャンベル駐フランス大使に会い、「アメリカがすぐに参戦することに同意しないなら、フランスはたとえ北アフリカからであろうと戦闘を継続することはできない」との悲鳴にも似た声を伝えた。レイノーからのメッセージを受け取ったチャーチルは、ローズヴェルトに打電して説得を試みた。しかし、一一月に再選のための大統領選挙をひかえたローズヴェルトに国内世論を無視して参戦する意志はなく、またたとえこの時点で参戦したとしてもフランスが長く戦争を続けられるという確信も持てなかった。

六月一五日のフランスの閣議でカミーユ・ショータン副首相は次のように発言した。レイノー首相が主張するように、北アフリカで戦争を続けることをフランス国民に納得させるためには、フランスはドイツに休戦ではなく、「休戦の条件」をただすべきである。ショータンの提案は閣僚たちのあいだでなぜか説得力のあるもののように受け止められ、それまで継戦派だった閣僚の大多数が雪崩《なだれ》を打ってショータンの提案の支持に回った。

イギリスとの連合は「死体との結合」

翌一六日、レイノーはイギリスに単独不講和義務の解除を申し入れ、イギリスもしぶしぶながらこれに同意せざるをえなかった。

一方イギリスは、フランスが和平を結ぶことでフランス艦隊がドイツの手に渡ることを恐れ、フランスに単独不講和義務解除の条件として艦隊をイギリスに回航させるよう要求した。しかしペタン、ウェイガン、そして日和見主義者のダルランは、フランス艦隊をドイツとの交渉の取引材料に使おうとしており、イギリスに引き渡すことに反対した。ヒトラーはフランスとの和平に際して、その艦隊を手に入れるか、あるいは中立化しておくことで、フランスの継戦派が北アフリカでドイツに抵抗するのに用いたり、イギリス侵攻の際の障害になったりしないようにしておく必要があった。

この日イギリスは、イギリスがフランス艦隊を保持するため、両国を「イギリス・フランス連合」として統合するという離れ業のような提案をおこなった。レイノーは、イギリス・フランス連合構想に賛成したが、レイノーを除くフランスの閣僚の多数は反対した。フランスの和平派は、イギリスとの連合はフランスをイギリスの自治領の地位に落とすもので、それならばいっそのことドイツの一州になった方がましだとすら主張した。遠からずイギリスがドイツに屈服すると見るペタンに言わせると、イギリスとの連合構想は「死体との結合」にほかならなかった。

国内的に追いつめられたレイノーには、人事を刷新して和平派を放逐《ほうちく》するという手もあったが、クーデターを恐れて踏み切れなかった。逆にペタンは六月一六日の閣議でただちにドイツと停戦するようレイノーに求め、認められなければ辞任すると脅した。同日夕刻、レイノーは退陣した。代わって首相となったペタンは、午後一一時にドイツに休戦を申し入れた。

イギリスは、ドイツと海峡を隔てており、またアメリカ参戦の可能性を比較的高く見積もっていた。これに対し、フランスにはいつパリが破壊されてもおかしくないくらいドイツの脅威が逼迫《ひっぱく》しており、戦争継続とアメリカ参戦の可能性をイギリスのように信じることができなかった。

再びのコンピエーニュ

六月二一日、ドイツとの休戦会談におもむいた第四軍集団司令官シャルル・アンツィジェール将軍以下フランス代表団は、その場に連れていかれるまでどこで会談がおこなわれるのか知らされていなかった。ドイツ側が会場として用意したのは、これより二二年前にドイツが第一次世界大戦の休戦協定調印を強いられた、あのコンピエーニュの森であった。森には、当時の調印の際に使われ、その後は展示物となっていた同じ鉄道車両が、当時と正確に同じ場所に運び込まれていた。

やがてこの場にヒトラーが到着した。ヒトラーはコンピエーニュの森に建てられた第一次世界大戦の記念碑に刻まれた文字を読んだ。「ここにおいて、一九一八年一一月一一日、ドイツ帝国の犯罪的誇りは打ちくだかれ——そが《ママ》奴隷化しようと試みた自由の民によって敗北させられた」。記念碑はヒトラーの命令によって、その三日後に爆砕された。ヒトラーは鉄道車両内で、かつて第一次世界大戦時の連合軍総司令官フェルディナン・フォッシュ元帥が勝者として占めたのと同じ席に腰をおろした。休戦会談はすべてが芝居じみていた。ドイツ国防軍最高司令部総長のヴィルヘルム・カイテル将軍がフランス代表団を前に休戦協定の前文を読み上げると、フランスへの復讐劇に満足したドイツ総統は一〇分ほどして席を立った。

　ヒトラーが立ち去ったあと、カイテルはフランス代表団に対して休戦条件を提示した。フランス軍は武装解除される。パリを含むフランス本土の五分の三はドイツの占領下に置かれる。フランスは亡命者をドイツに引き渡す。フランス艦隊については、武装解除し、船舶はフランスの港湾に繋留《けいりゅう》する。これは「紛争原因の根本的解決」の極に近い戦争終結形態であった。ドイツは少ない「現在の犠牲」でフランスを屈服させることができる反面、フランスはドイツにとって長年の宿敵であり、地政学上二正面作戦を強いられる「将来の危険」があった。

　一方で、フランスは全土占領を免れ、非占領地域に政府の樹立を許され、海外領土の統治に責任を負い、艦隊を維持することになった。実はムッソリーニは、フランス全土の占領とフランス艦隊の引き渡しというさらに過酷な条件を求めていた。しかしヒトラーは、フランスに主権国家としての存続や艦隊の維持を認めなければ、イギリスとの戦争が終結していないなかで、継戦派が北アフリカに逃れて戦争を続行するのではないかと懸念した。主敵との戦争が続いているなかでの戦略的打算であった。

カイテルは、休戦協定に関して討議の余地はなく、フランス側はただ受諾あるのみだと、まるでかつてのフォッシュのように告げた。交渉は翌二二日に再開され、午後六時五〇分、カイテルとアンツィジェールが「ドイツ・フランス間休戦協定」に署名した。

二日後の六月二四日午後七時三五分、今度はローマのヴィラ・インチーサで、前日にコンピエーニュの森から移動したアンツィジェールと、イタリア代表で元エチオピア遠征軍総司令官のピエトロ・バドリオ元帥のあいだでもう一つの休戦協定（「イタリア・フランス休戦条件」）が調印された。イタリアはこの休戦協定で、フランスにその本土とフランス領北アフリカの国境線沿いにそれぞれ非武装地帯の設定を課した。六時間後の六月二五日午前一時三五分、フランス国内の銃声は沈黙した。

このあとペタンの政府は、ボルドーから、フランス中央高地のクレルモン＝フェランを経て、七月九日に中部のヴィシーに移る。ヴィシー政権が一九四四年八月のパリ解放までドイツと協調したのに対し、ド・ゴールはイギリスに亡命し、ドイツへの抵抗組織「自由フランス」を結成した。コンピエーニュの運命の鉄道車両は、七月八日にベルリンに運ばれたが、大戦末期に連合軍のベルリン爆撃で破壊されたとも、ドイツ中部のテューリンゲンに移送されて親衛隊（ＳＳ）によって燃やされたともいわれる。

「理性への呼びかけ」拒否される

フランスが戦争から脱落したことで、ドイツがイギリスに和平を呑ませる日も近いと考えられた。ヒトラーは、ペタンがドイツに休戦を申し入れた直後の六月一九日の公開演説で、イギリスに対し、「ドイツがイラクとエジプトを確保するのと引き換えにイギリス帝国の存続を承認する」という内容の和平を提案していた。しかしフランスが休戦した六月二二日夜にチャーチルは、「イギリス政府は陸海空いずこにおいても勝利を手中に収めるまで戦いを続行する」と宣言した。七月三日、イギリス海軍はフランス艦隊がドイツ側の手に渡らないよう、フランス領アルジェリアのメルセルケビールでフランス側との戦闘の末に破壊した。

七月一九日、ヒトラーは国会で改めてイギリスに和平を提案する、いわゆる「理性への呼びかけ」と呼ばれる演説をおこなった。このなかでヒトラーはイギリス国民に対し、イギリス政府が「たとえ敗れてもカナダから戦いを続ける」と明言していることに触れ、それは政治家たちだけが安全なカナダに逃れ、国民はイギリスに留め置かれることを意味するとし、次のようにまくしたてた。「いまこの時、もう一度、他のいずれの国とも同じくらいには英国にもある理性と常識に訴えるのは、私自らの良心に照らして、私の義務であると感じます。私は私自身、この訴えをする地位にあると考えます。私は敗者として好意を嘆願しているのではなく、勝者として理性の名において話しているのだからであります。私は、なぜこの戦争をつづけなくてはならないのか、その理由を解しません」（強調点原文ママ）。だがヒトラーはこの演説に先立つ七月一六日に、既にイギリス本土上陸作戦の準備を決意していた。

これに対しハリファックスは七月二二日にラジオ放送でヒトラーの提案をしりぞけ、「われわれは自由を確保するまで戦いをやめないだろう」と言明した。こうして戦局は「バトル・オブ・ブリテン」（イギリスの制空権をめぐるイギリス空軍とドイツ空軍の航空戦）に突入していく。

2　無条件降伏政策――ウィルソンの「亡霊」

第一次世界大戦の教訓

イギリスは「バトル・オブ・ブリテン」を持ちこたえた。そこでドイツは矛先《ほこさき》を転じ、一九四一年六月二二日にソ連侵攻を開始した。ヒトラーはソ連との戦いを「イデオロギー的殲《せん》滅《めっ》戦争」「人種戦争」ととらえており、「妥協的和平」はありえなかった。ドイツが共通の敵となったイギリスとソ連は、七月一二日に協定を結び、単独不講和を約束した。

一二月七日（ハワイ時間）に日本が真珠湾を攻撃すると、これを受けて一一日に、前年に日本と三国同盟を結んでいたドイツとイタリアがアメリカに宣戦を布告し、イギリスが待ち望んでいたアメリカ参戦が実現した。同日、ドイツ、イタリア、日本は、単独不講和協定を締結している。

一方、一九四二年一月一日、アメリカ、イギリス、ソ連、中国など二六か国は、「敵国に対する完全な勝利」と「敵国と単独の休戦又は講和を行わないこと」を誓う「連合国共同宣言」に署名した。アメリカは第一次世界大戦の時とは異なり、単独不講和の約束に加わった。

一九四三年一月二四日、モロッコのカサブランカで開催されたローズヴェルトとチャーチルによる連合国首脳会談後の記者会見で、ローズヴェルトは枢軸国に対し「無条件降伏」を要求するとして、次のように言明した。両首脳は、「平和が世界に到来しうるのは、ただ、ドイツと日本との戦争能力を全面的に除去することによってのみである」ことを、従前にもまして決意している。このことは、「この戦争の目標を、ドイツ、イタリア、日本による無条件降服という条項に置くとの簡明なる定式を含む」ものである。これら三国による無条件降伏は、「数世代にわたる世界平和への信ずべき理由のある保証」を意味する。ローズヴェルトの声明はチャーチルによってただちに支持された。

次いで同年一一月一日にモスクワでソ連を含む連合国外相会談が開かれ、「モスクワ宣言」がとりまとめられた。同宣言で無条件降伏政策は、「枢軸国が無条件降伏を基礎として武器を置くまで戦いを続ける」との文言で公式化された。

ローズヴェルトが無条件降伏政策を掲げたのには、たとえ大きな「現在の犠牲」を払ってでも、「妥協的和平」では取り除くことのできない枢軸国がもたらす「将来の危険」を除去し、アメリカにとって好ましい戦後秩序を構築するねらいがあった。世界征服や（ユダヤ人に対しての）一民族の絶滅、（ソ連への）人種戦争を試みたことを考えると、ナチズムの「将来の危険」は恐るべきものであった。また「現在の犠牲」は、アメリカ・イギリスの西側連合国とソ連のあいだで分散することも可能であった。

カサブランカ会談直前の一九四三年一月七日の年頭教書でも、ローズヴェルトは「もし一〇年なり二〇年なり五〇年なり経ってからもう一つの世界大戦の危険をおかすようでは、われわれのなかの誰かが本質的な人間の需要や安全の確保について語ったところで、重要なことではない」としたうえで、「もしこの戦争が決定的でない平和のうちに終わり、今日の赤ん坊たちが戦える年齢に達した時にもう一つの戦争が起こるとしたら、われわれ自身を含めて、人類に何が起こるかと考えると、私は身震いする」と語った。

このようなローズヴェルトの信念は、今次世界大戦勃発を防げなかった原因が前の大戦でドイツを完全に敗北させなかったことにあるとする見方に裏打ちされていた。劇作家でローズヴェルトのスピーチライターでもあったロバート・シャーウッドはローズヴェルトの解釈について、「ウッドロー・ウィルソンの亡霊」と表現する。

前章で見たように、ウィルソン大統領が「十四か条の原則」による第一次世界大戦の終結を図ったことは、ドイツの「将来の危険」を除去するのに十分でなかった。ローズヴェルトは一九四三年九月一三日、第一次世界大戦時のアメリカのヨーロッパ派遣軍総司令官で、この日八三歳の誕生日を迎えたかつての無条件降伏論者ジョン・パーシング元帥にメッセージを送り、そのなかで「今日、貴殿が一九一八年にベルリンに進撃すべきだとおっしゃっていたことを思い起こさずにはいられません」とつづっている。

単独講和の防止

無条件降伏政策のもう一つのねらいは、連合国間の結束を固めることであった。さらに踏み込んでいえば、アメリカ・イギリスとソ連がそれぞれドイツと単独講和するのを防ぐ目的があった。

一九四一年七月上旬、アメリカ国務省のジョセフ・デイヴィス長官特別補佐官は、ローズヴェルトの側近であるハリー・ホプキンス元商務長官に宛てた覚書のなかで、ソ連でクーデターが起こって最高指導者スターリンが失脚し、トロツキストによる親ドイツ政権が誕生してヒトラーと講和する可能性、あるいはスターリン自身がヒトラーと講和する可能性を懸念していた。ソ連はドイツとの戦いで当初劣勢に立たされていたからである。

たしかにスターリンは、ドイツと「妥協的和平」を結ぶことの「将来の危険」をよく理解していた。一方で、ソ連側でもドイツとの単独講和を視野に入れていた可能性が指摘されている。国際関係研究者のジェームズ・バロスとリチャード・グレガーによると、一九四一年一〇月七日にスターリンは内務人民委員ラヴレンチー・ベリヤに、ドイツと「第二のブレスト＝リトフスク」を結ぶ可能性を検討するよう指示した。この時スターリンは、ドイツにリトアニア、ラトビア、エストニア、モルドバ、ベラルーシ、そしてウクライナの一部を割譲することもやむをえないと考えていたという。

これについては、ソ連はドイツの侵攻を受けて以来西側連合国に対して繰り返し「第二戦線」の開設を要求していたから、単独講和のそぶりを見せることで第二戦線開設を渋る西側連合国を脅そうとしたにすぎなかったとの見方もある。逆にドイツ側からすれば、ソ連との単独講和のそぶりは西側連合国の焦りを生み、かえって第二戦線開設が早まるというやぶへびになるおそれがあった。ソ連による、あわよくばという程度の単独講和の検討が、第二戦線開設にも有益と考えられた可能性もある。

一九四三年二月二日にソ連がスターリングラードの攻防戦で勝利を収めたのち、同年九月一三日に日本の佐藤尚武《なおたけ》駐ソ大使がソ連のヴャチェスラフ・モロトフ外相にソ連・ドイツ間の和平斡旋《あっせん》を提案した際には、モロトフは謝絶した。その直後の一一月二八日から一二月一日にかけてテヘランで開かれた連合国首脳会談の場で、スターリンはローズヴェルトとチャーチルからようやく第二戦線開設の約束を取りつけた。

一方ソ連側から見ても、無条件降伏政策はアメリカ・イギリスとドイツの単独講和阻止の保証となるものであった。また、単独講和への懸念は西側連合国のあいだにもあった。アメリカ側の一部はイギリスがアジア太平洋戦線で日本と単独講和することを懸念しており、イギリスはそのようなアメリカ側の懸念を払拭しておく必要があった。

それでは単独講和を防止するために、無条件降伏政策以外に、連合国間で統一された和平条件を定めるという方法もあったのではないか。しかし連合国間でドイツとの和平条件を議論すれば、第一次世界大戦の時のように連合国側の足並みが乱れる可能性があった。言い換えれば、連合国は無条件降伏以外に前もって合意できる戦争目的を設定することができなかったのである。

「無条件降伏」とは何か

実はアメリカ国務省はローズヴェルトとは異なり、無条件降伏政策を採用することで枢軸国の抵抗を硬化させ、かえって戦争が長びくことを懸念していた。イギリスやソ連も、無条件降伏の内容の明確化を試みた。すなわち、「ドイツの指導層とドイツ国民は区別される」ということを明らかにしようとした。

ソ連がアメリカ側に無条件降伏の内容の明確化を提起したのはテヘラン会談の場においてであり、この時開かれた一一月二八日の夕食会でのスターリンの発言は次のように記録されている。「スターリンは、どれほど厳しくとも、明確な条件を示して、これがドイツ人民が受け入れなければならないものだということを彼らに教えてやることが、彼の意見では、ドイツ降伏の日を早めることになる一方、無条件降伏原則を不明確なままにしておくことは、単にドイツ人民の団結に資するだけであると感じていた」(ローズヴェルトの反応は不明)。また一二月一七日にはイギリス外務省がアメリカのコーデル・ハル国務長官に、無条件降伏という言葉は避けて「急速な降伏」という表現を用いることを提案した。

これらを踏まえて翌一九四四年一月一四日にハルはローズヴェルトに覚書を提出し、「各敵国に課すことになる無条件降伏の条件(term)を宣伝のために公表して明確にすることが望ましいかどうかについて研究する」ために、ソ連・イギリス両政府と議論に入ることを提案した。

しかし、ローズヴェルトはかたくなであった。ローズヴェルトは一月一七日にハルに返答し、「率直に言って、私は『無条件降伏』の条件を明確にするために話し合いをするという考えは好まない」としたうえで、次のように述べた。「リーがグラントに降伏した物語がもっともよい例だ〔南北戦争では、南軍総司令官のロバート・E・リー将軍が北軍総司令官のユリシーズ・グラント将軍に『無条件降伏』した〕。リーはあらゆる条件を交渉したいと考えていた。グラントは、リーは自分（グラント）の公正さを信頼しなければならないと言った。そしてリーは降伏した。すぐにリーは南軍将校の馬の問題を持ち出した。これらの馬はほとんどの場合将校たちの私物であった。グラントはリーに、春の耕作に必要だから馬を家に持って帰ってよいと言って、この項目を解決した」。つまり、一度無条件降伏を勝ち取ってしまえば、あとで問題が起こっても柔軟に対処できるのだから、現時点で無条件降伏の内容を詰める必要はないとローズヴェルトは言いたかったのだ。

ローズヴェルトは、「これと同じような二、三の出来事を示せば、『無条件降伏』を明確にするためにロシア人、イギリス人、そしてわれわれ自身のあいだで話し合いを重ねるよりも大きな影響を、ドイツ人に与えることになるだろう」とハルに告げた。結局ローズヴェルトの考えが無条件降伏政策に関する連合国の結論となった。

ドイツ反体制派を相手とせず

一方、連合国には「ヒトラーとは妥協しないが、ドイツ国内の反体制派がクーデターでヒトラーを打倒し、非ナチ化された新政権を樹立すれば和平交渉をおこなう」という選択肢も可能性としては存在していた。

しかし、クーデターが実現しなかっただけでなく、それ以前に連合国は反体制派を支援しようともしなかった。

まず、ドイツの反体制派の和平構想には問題が多かった。当初反体制派は、ドイツの指導者がヒトラーからゲーリング航空相に替わるだけでも連合国は満足すると考えており、その後に想定したのも君主制の復活であった。また一九三九年一〇月に反体制派のカール・ゲルデラー元ライプツィヒ市長が立案した和平構想は、「非ナチ化されたドイツには、一九一四年のドイツ・ポーランド国境の復活と、オーストリアおよびチェコスロバキアのズデーテン地方の保持が認められる」としていた。さらに反体制派内部では、和平の相手方を西側連合国とするかソ連とするか（ソ連が無条件降伏政策についてしばらく態度決定をひかえていたことが対ソ連和平派の論拠の一つとなった）、足並みがそろわなかった。

問題はそれだけではなかった。反体制派は、クーデター後のドイツの扱いについて、連合国側から事前の保証を取りつけようとしていた。しかし連合国側からすると、ドイツの反体制派との取引が明らかになればドイツ側から弱さの現れと見られるおそれがあった。反体制派側でも、ドイツ国内で第一次世界大戦敗北後に喧伝されたような「背後の一突き」（ドイツは戦争ではなく、国内の裏切りにより敗れたとする見方）と受け取られないようにしなければならなかった。

また反体制派は第一次世界大戦の教訓から、ドイツ軍が優勢なうちにそれをレバレッジ（てこ）として和平交渉をおこなうことを望んだ。しかしドイツ軍が優勢のあいだはそもそもクーデターの機運は盛り上がらず、劣勢になると交渉上の立場が弱まるというジレンマを抱えていた。

一九四四年四月に、反体制派はアメリカ戦略諜報局のベルン支局長アレン・ダレスに接触し、無条件降伏政策の緩和を求めたが、ダレスは拒否した。そして同年七月二〇日に反体制派が実行したヒトラー暗殺計画が失敗に終わると、そうした運動は急速に下火となっていく。

3　イタリアへの降伏要求——無条件降伏政策の緩和

クーデター

連合国の無条件降伏政策は、ドイツに対しては明確であった一方、イタリアに対してはあいまいであった。

チャーチルは、無条件降伏の対象からイタリアを除外すれば、ドイツと離間できるかもしれないと考えていた。そうすればドイツ軍をフランス北部から引き離すことができ、イタリアをドイツと戦わせることすら可能かもしれない。その分、連合国側の「現在の犠牲」も少なくなる。もちろんイタリアには武装解除を含む「紛争原因の根本的解決」の極に近い厳しい条件が課されなければならない。ただ連合国の第一の目的はドイツの打倒であり、この目的に照らすとイタリアに関しては厳密な意味での無条件降伏にこだわる必要はないと考えられた。

連合国側ではイタリアの枢軸離脱をうながすために、イタリア本土上陸という軍事的圧力を加えることが有効であると期待された。そうすればイタリア国内で政変が起こり、単独講和を志向する新政権が樹立される可能性がある。チャーチルはイタリアに関してはすべての責任はムッソリーニにあると考えていたので、ムッソリーニが失脚しさえすればイタリアの脅威に関する「将来の危険」もある程度減じられることになり、新政権との「厳密な意味での無条件降伏ではない休戦」が可能になるとの立場であった。

イタリアに対して無条件降伏政策を緩和するメリットについては、ローズヴェルトも既に見抜いていた。一九四三年六月一六日、ローズヴェルトとチャーチルは「イタリアが生きのびる唯一の希望は、反枢軸連合軍の圧倒的な勢力に対して、名誉ある降服を行うことに存する」との共同声明を発表した。イタリアの降伏は「名誉」をともなうことが可能であると示唆された。連合国にとってのイタリアの「将来の危険」と自分たちの「現在の犠牲」のバランスを考慮した柔軟な判断であった。

前年一九四二年一一月四日に北アフリカのエル・アラメインの戦いで枢軸軍が敗北し、一月三〇日にイタリア軍参謀総長に戦争継続を悲観していたヴィットーリオ・アンブロージオ将軍が就任すると、イタリア軍部でムッソリーニ排除の計画が急速に具体化した。六月初旬には、イタリア下院議長ディーノ・グランディ伯爵が国王ヴィットーリオ・エマヌエーレ三世に、「ムッソリーニに代えて反ファシストも含む臨時政府を形成してアメリカ・イギリスと妥協的和平を実現する、そしてドイツとは戦争状態に入る」との計画を秘かに示した。

ファシスト政権も、戦争遂行はもはや不可能であり、もしドイツがイタリア防衛のために十分な援助を与えてくれるのでなければ、イタリアは連合国との単独講和を選ばざるをえないとの結論に達していた。そしてこのことをムッソリーニが七月一九日にイタリア北部のフェルトレで開かれるヒトラーとの会談でドイツ側に伝えることになっていた。

ところがムッソリーニはヒトラーの前でおじけづき、ドイツにイタリアの意志を伝えることができなかった。ドイツ・イタリア首脳会談が不首尾に終わったため、その日のうちに国王はムッソリーニを見限ることを決断し、七月二一日には後継首班に（これより約三年前にフランスとの休戦協定に署名した）バドリオ元帥を内定した。

ムッソリーニに対するクーデターは七月二五日に決行された。この前日、ムッソリーニの責任を問うグランディの要求にもとづいて最高意思決定機関であるファシズム大評議会が開催された。大評議会は深夜まで続き、日付が変わった午前二時、「ムッソリーニから国王に統帥権を返還する」としたグランディの動議が可決された。

追い詰められたムッソリーニが午後になってファシズム大評議会の結果を国王に報告すると、ムッソリーニはその場で国王から首相解任を告げられた。そして王宮を出たところを、国王の命令によって逮捕された。同日夜、ラジオ放送はムッソリーニが辞任し、バドリオが新首相に任命されたことを伝えた。

短期条件と長期条件

イタリアの指導者交代を知らせる放送ではバドリオの戦争継続宣言が伝えられたが、これはさもなくば生じるであろう国内の混乱と、そして何より「裏切り」を知ったドイツからの攻撃を避けるための方便にすぎなかった。実際にバドリオ政権が成立すると、ローズヴェルトとチャーチルはただちに同政権を折衝相手として認めることを確認した。

ローズヴェルトは七月二六日にチャーチルに宛てた電信のなかで、ドイツ打倒のために、イタリアの領土や交通網・空域を利用できることを期待し、イタリアに対しては「可能な限り無条件降伏に近いもの」で手を打つとした。これは今まで国王がムッソリーニを受け入れていたことや、バドリオがエチオピア侵攻（一九三五〜一九三六年）の最高指揮官であったことなどを考えれば、むしろ控えめといえる要求であった。

イタリアとの休戦に関する連合国側の調整は、八月一七日から二四日にかけてカナダのケベックで開かれたローズヴェルトとチャーチルの首脳会談でおこなわれた。ここで問題となったのが、「短期条件」と「長期条件」の扱いであった。短期条件は軍事問題に関する休戦条件であり、地中海連合国軍最高司令官のアイゼンハワー将軍が立案していた。長期条件は政治・経済問題を含む包括的な内容であり、イギリスが原案を起草した。

チャーチルは、短期条件と長期条件を同時に処理することが望ましいと考えていた。戦後イタリアの政治体制としては立憲君主制が望ましく、長期条件を通じイタリア王家であるサヴォイア家の保全を確保することが可能になる。また先に短期条件のみにもとづいて休戦してしまうと、多くの重要な問題が残されたままになり、イタリアが後から長期条件に同意する保証もないというのがイギリスの考えであった。

これに対しアメリカは、最初に短期条件を処理し、その後長期条件を扱うことを望んだ。アイゼンハワーは即時の軍事的停戦を優先し、そのために政治問題と軍事問題の切り離しを求めていた。ローズヴェルトも、サヴォイア王家の保全にチャーチルほど熱心ではなく（結局長期条件ではイタリア王室の扱いについては未決定となった）、バドリオとの取引をアメリカ国内向けに正当化する手段として短期条件を利用できると考えた。イタリアとの休戦はファシズムとの政治的妥協ではなく、軍事的必要性にもとづくものだと説明できるからである。結局アメリカ側の意見が通って、短期条件と長期条件は二段階で処理されることになった。

また八月一七日にはアメリカ・イギリス連合参謀長会議が「ケベック覚書」を作成し、このなかでイタリアへの休戦条件は当初は厳しいものであっても、のちに修正されうることが示唆された。そして修正の程度は「戦争が続くあいだイタリア政府と国民がどの程度ドイツに対峙《たいじ》する連合国を実際上支援するかにかかっている」とされた。

「ハンマーと鉄床の中間」

バドリオ政権はケベック会談に先立つ八月三日にイギリス側に和平を打診した。八月三一日、シチリア島のパレルモ郊外で連合国とイタリアの正式な休戦交渉がアイゼンハワーの参謀長ウォルター・ベデル・スミス将軍とイタリア陸軍参謀次長ジュゼッペ・カステラーノ将軍のあいだで開始された。カステラーノは、イタリアは「連合国がイタリア政府をドイツから守るのに十分な兵力を上陸させると約束する場合にのみ」休戦条件を受け入れる、さもなくばイタリアは「第二のポーランド」になると訴えた。イタリア側がもっとも恐れたのは、休戦によってイタリアがドイツ軍から攻撃を受けることであった。そのためイタリアが降伏するのは、連合軍によるイタリア上陸後でなければならなかった。

このころフランス領北アフリカのアメリカ公使ロバート・マーフィーはローズヴェルトに、「イタリア人は、イタリアに最も大きな損害を与えるのはドイツ軍であろうか、あるいは連合国軍であろうか、一体どちらかと、彼らの心の中で正確なはかりにかけて考えていた。イタリア人は、ハンマーと鉄床《かなとこ》の中間にいたのである」と書き送っている。

しかし、連合国側は譲歩しなかった。九月一日にバドリオから報告を受けた国王は、対ドイツ防衛の確実な保証のないままで休戦を決断した。

九月三日午後五時一五分、カステラーノはシチリア島のシラクサ近くのカッシビレにあるフェアフィールド・キャンプで休戦協定（「イタリアとの休戦」）に署名し、連合国側からはベデル・スミスが続いて署名した。休戦協定では、連合軍の基地使用のためのイタリア領土の明け渡し、連合軍によるイタリアの飛行場・軍港の使用の保証、イタリアの武装解除・動員解除・非武装化などが取り決められた。このように両者の戦争は「紛争原因の根本的解決」の極に近い決着がなされた。連合国は軍事的勝利を背景に、少ない「現在の犠牲」でイタリアに要求を通すことが可能であり、またナチズムほどではないにせよ、イタリア・ファシズムの「将来の危険」を考慮する必要があった。

ただし休戦協定では、「無条件降伏」という語句は使われていなかった。また全土占領や王制廃止、主権消滅のような事態は回避され（王制は戦後の国民投票で廃止）、さらに連合国側に立ってドイツと戦えばそこでの働きによっては条件が緩和されることになった。連合国の目的はあくまでドイツを打倒することであり、そのための戦略的打算であった。休戦は五日間の猶予をもって、連合軍によるイタリア西海岸のサレルノ上陸作戦開始の二、三時間前に公表するものとされた。

しかしカステラーノが署名した休戦協定は、連合国側の休戦条件のうちの短期条件にすぎなかった。その日の午後遅く、ベデル・スミスがカステラーノに長期条件を手交した。長期条件には、ファシスト組織の解散、人種や信条にもとづく差別的法律の撤廃などが盛り込まれていただけでなく、文書のタイトルに「イタリアの無条件降伏」と記されていた。これを目にしたカステラーノはショックを受けたが、国王とバドリオが休戦を公表するまで長期条件は自分の責任で伏せておくことに決めた。

九月八日午後六時三〇分、連合軍のサレルノ上陸作戦開始が大幅に遅延することになったにもかかわらず、アルジェ・ラジオはイタリアの降伏を放送した。作戦が遅延したのはフランス北部での対ドイツ攻撃のためという軍事的な理由であった。アイゼンハワーはバドリオへの不信から、イタリア側に上陸作戦の詳細を伝えず、休戦発表も延期しなかった。連合軍主力がサレルノ湾に上陸したのは、九月八日から九日の深夜にかけてである。また連合軍はローマ確保の空挺作戦を検討していたが、マシュー・リッジウェー将軍（アメリカ軍第八十二空挺師団長）がリスクが大きいと反対したことで見送られた。連合軍の作戦変更を知ったバドリオは休戦協定の破棄すら考慮するが、国王は今となっては政策転換は問題にならないと判断し、ローマは午後七時四五分に不承不承ながら休戦を発表した。

早すぎた休戦発表のせいで、バドリオ政権が恐れていたように、ドイツ軍は休戦の一報を受けるとただちにイタリアへの侵攻を開始した。九月九日、国王とバドリオ政府はローマを捨てて連合軍占領下のイタリア南部のブリンディジへ逃亡した。そして九月一三日までにローマはドイツ軍の占領下に置かれた。さらに九月一二日、ドイツ軍はイタリア中部のグラン・サッソを襲撃してそこで幽閉されていたムッソリーニを救出し、二三日にはイタリア北部にムッソリーニを首班とするドイツの傀儡国家「イタリア社会共和国」が樹立された。イタリアはドイツからの攻撃を避けようとしたが、ドイツからの防衛の保証を得られないまま連合国に降伏せざるをえず、恐れた通りの事態を迎えることになった。

イタリア国内が混乱に陥るなか、連合国側はイタリアに長期条件への署名を要求してきた。九月二〇日、連合国側から長期条件（カステラーノが握りつぶしていたもの）を受け取ったバドリオは、文書のタイトルを見て驚き、これに抗議するとともに文言の変更を要求した。バドリオは九月二九日にマルタ島のヴァレッタ港内のイギリス戦艦「ネルソン」艦上でアイゼンハワーに会い、「無条件降伏」の語句の削除についてなおも食い下がったが、アイゼンハワーは自分には文書変更の権限はないとしてにべもなかった。その代わりアイゼンハワーは長期条件への署名ののち、「新たな休戦は、九月三日の軍事休戦を補完するものである。先の条項は、敵対行為停止前の情勢にもとづくものであった。その後情勢は変化し、イタリアは連合国に協力している」と述べた懐柔的な書簡を手交した。もはや食いちがいは、適当な言葉探しで処理するほかなかった。

この文書は一一月九日に修正され、タイトルは「イタリアとの休戦の追加条件」に変わり、本文中の「無条件に」降伏するとの語句は削除されたうえで、「これらの条項は……ピエトロ・バドリオ元帥によって無条件に受諾された」との表現が使われた。一〇月一三日にバドリオ政権がドイツに対し宣戦したからであった。

その後もイタリアでは、今やイタリア軍を加えた連合軍とドイツ軍のあいだの戦闘が続く。それから約一年半後の一九四五年四月二八日、ムッソリーニはイタリア北部のコモ湖畔でパルチザンに捕えられて処刑され、遺体はミラノに運ばれ広場で逆さ吊りにされた。

4　ドイツの打倒――「勝者の意志の容赦ない押しつけ」

西部における単独講和?

開戦当初は快進撃を続けたドイツ軍であったが、一九四三年二月にスターリングラードの攻防戦でソ連軍に敗北すると、これ以降戦局は逆転した。さらに同年九月には前述の通りイタリアが枢軸から脱落した。

もはや勝機を逸したドイツが画策したのは、西側連合国とソ連のどちらかと単独講和することであった。ドイツは、西側連合国とソ連のどちらも、相手に対する防波堤としてドイツを必要としており、また少なくとも単独講和の脅しで連合国の一方に圧力をかけることが可能だという希望にすがりつくようになっていた。

イタリアの枢軸離脱直後の一九四三年九月一〇日、ドイツのヨーゼフ・ゲッベルス宣伝相はヒトラーと協議し、「現段階では、イギリス人は国民社会主義帝国〔ナチス・ドイツ〕とソ連がどちらも出血多量で死んだのちに、彼ら自身がヨーロッパを支配できるという希望にふけっています」としたうえで、「しかしそれが不可能だと悟り、ボリシェヴィズムか、国民社会主義に対していくらか態度を緩和するかという選択しかなければ、彼らは疑いなくわれわれとの妥協に傾いた姿勢を示すでしょう」と述べてイギリスとの交渉を提案した。ドイツはソ連との永続的な協力は不可能だと考え、西側連合国との単独講和を優先した。ゲッベルスの主張は、第一次世界大戦末期にエーリヒ・ルーデンドルフ将軍が、連合国はボリシェヴィズムに対する防波堤としてドイツによる東部占領地の保持を認めるとか、そのうち連合国間で仲たがいが始まるなどと考えたのとよく似ている。

一方、アメリカ・イギリス軍は一九四四年六月六日にフランス北西部のノルマンディー上陸に成功し、八月二五日にはパリを解放した。第三帝国は連合軍によって東西から激しい挟撃を受け、崩壊の時を迎えつつあった。

一九四五年一月二五日、ドイツ陸軍参謀総長のハインツ・グデーリアン将軍はヨアヒム・フォン・リッベントロップ外相に、「西欧列強に西部ドイツを委ね、わが軍の残る全兵力をあげて東部ドイツの防衛にあたることを許してもらうという線で休戦条約を結ぶ」ことを総統に進言するよう要請した。

しかしヒトラーは講和には悲観的であった。同日夜までにリッベントロップからグデーリアンの進言を伝え聞いたヒトラーは、「国家に対する裏切り行為」だとして同将軍を激しく非難した。

単独講和に対するヒトラーの消極的態度とはうらはらに、ドイツ側の和平工作は戦局のさらなる悪化とともに活発化していった。リッベントロップ自身、一月一九日にアメリカ・イギリスとの単独和平案を立案していた。それは西側連合国に「モスクワ帝国主義の世界征服計画」の脅威をあおり、ドイツの崩壊はアメリカ・イギリスにとって自殺行為に等しいことを分からせ、和平条件として「民族的国境の維持」と「ナチス支配体制の堅持」を認めさせるというものであった。ヒトラーはこの和平工作を、リッベントロップの「個人的責任」の下におこなわれることを条件に黙認した。

リッベントロップは二月一六日、ドイツとの捕虜問題の協議のためベルリンを訪問中であった中立国スウェーデンの赤十字社副総裁フォルケ・ベルナドッテ伯爵にこの構想を説明し、スウェーデン側の協力を求めた。しかし三月一五日にスウェーデンの新聞にこの工作を暴露され、アメリカ・イギリス側から反発を受けただけで失敗に終わった。するとリッベントロップは今度はソ連との単独和平工作に転じ、これを知ったヒトラーはリッベントロップを

「敗北主義者」と非難して和平案を却下した。

次いで親衛隊全国指導者のハインリヒ・ヒムラーが、二月から四月にかけてベルナドッテとのあいだで秘密会談を持ち、スウェーデンの仲介によるアメリカ・イギリスとの単独講和を進めようとした。

さらに三月八日には、イタリア方面の親衛隊・警察最高級指導者のカール・ヴォルフ将軍が、ヒムラーの承認を得てスイスのチューリヒでアメリカ戦略諜報局のダレスと接触し、イタリア戦線における停戦交渉を申し入れた（この席でダレスはイタリア戦線でのドイツ軍の無条件降伏を求め、ヴォルフは拒否した）。

このようにドイツが特にアメリカ・イギリスとの単独講和を画策する一方、連合国側では「紛争原因の根本的解決」の極、すなわちナチズム体制の打倒を求めるという決意は揺るがなかった。ドイツが西側連合国とソ連のどちらもドイツを防波堤として必要としていると考えたのに反し、西側連合国とソ連にしてみれば、のちのち相手が力を温存したドイツを利用するよりも、今ドイツを弱体化させておくことの方が好ましかった。

二月四日から一一日にかけて、ローズヴェルト、チャーチル、スターリンはソ連領クリミア半島のヤルタに集まり、ドイツの敗北を前提とした戦後処理に関する協議をおこなった。一貫して無条件降伏政策を唱え続けてきたローズヴェルトは、ヤルタでも引き続きこれに固執した。そしてヤルタ会談で、無条件降伏とはドイツの主権の破壊であり、ドイツ国家に対する「勝者の意志の容赦ない完全な押しつけ」を意味すると強調された。

忍びよる不信の影

一方、ヤルタ会談で無条件降伏政策が再確認されたにもかかわらず、連合国側の単独講和への恐怖は残り、とりわけソ連はアメリカ・イギリスによるドイツとの単独講和への疑念を拭い去ることができなかった。当初連合国側には、戦後ドイツをいくつかの小国に分割して弱体化させるという構想があった。この構想が立ち消えになったのは、チャーチルがドイツの分割はソ連によるヨーロッパ支配につながると憂慮したためであるとともに、スターリンが、「アメリカ・イギリスがドイツ分割の撤回を取引材料としてドイツとの単独講和を図るのではないか」と警戒したからでもあった。

ソ連が疑念を抱いたのは、前述したイタリア戦線をめぐるアメリカ・イギリス側とドイツ側の接触に対してであった。三月一一日、モスクワ駐在のアメリカ大使アヴェレル・ハリマンとイギリス大使アーチボルド・クラーク・カーはモロトフ外相と会い、地中海連合国軍最高司令官のハロルド・アレグザンダー元帥（イギリス軍）が今後ベルンでヴォルフと接触を開始する意向であることを伝えた。モロトフは翌一二日にハリマンに書簡を送り、ソ連政府は反対しないが、この接触にソ連軍将校が随行することを求めると述べた。
ところが三月一六日、ハリマンからモロトフに、ドイツ軍の降伏はアメリカ・イギリス側の戦線のみで発効し、ドイツ側との交渉と決定にはアレグザンダーのみが責任を負うことが書簡で伝えられると、モロトフは了承せず、ハリマンに対しベルンで始まっている交渉の中断を要求した。モロトフは、アメリカ・イギリスがベルンでの交渉からソ連を排除しようとしているのは、ドイツとの単独講和を企図しているからではないかと疑った。「われわれは、西側の反動層の指導者たちの中に、ヒトラーのドイツは墓場に入り、ソビエト・ロシアは臨終の床にあるという形で、第二次世界大戦の終結を迎えることを望んでいた人たちもあったことを知っている」と、ほどなくベルリンに進軍するソ連第八親衛軍司令官のワシーリー・チュイコフ将軍は述べている。

「ベルリンは、ただ地理的に存在するだけ」

ソ連がイタリア戦線をめぐるアメリカ・イギリスとドイツとの接触に神経をとがらせたのは、単独講和への懸念に加えて、このことが戦力配置の転換を通じて連合国のどの国がベルリンを占領するのかという問題に直結していたからである。戦後を見すえ、同盟相手国よりも多くを獲得するのか。それとも「現在の犠牲」を最小限にとどめるために、逆に同盟相手国に多くを与えるのか。この問題の象徴となった場所がベルリンであった。戦争終結の形態は、アメリカ・イギリス・ソ連のあいだの戦後を見すえた確執にも影響されることになる。

スターリンは戦後世界がどういうかたちになるのかを、自分の軍隊がどこまで到達するかにゆだねることにした。これに対しイギリスは、ベルリンはソ連軍ではなく西側連合軍によって占領されるべきだと考えていた。三月二三日、アメリカ・イギリス軍がライン川を越えると、イギリス第二十一軍集団司令官のバーナード・モントゴメリー元帥は連合国遠征軍最高司令官のアイゼンハワー元帥（前年一二月七日から）に、ベルリン占領を最優先目標とするよう主張し、「ベルリンは政治の中心であり、もしわれわれがソ連に先んじてこれを占領すれば、戦後の処理がきわめて容易となる」と指摘した。

しかしアメリカの考えはちがった。実はベルリン攻略を実施した場合のアメリカ軍の死傷者数は約一〇万人にものぼると予想されていた。この時点でのアメリカの戦略は、できるだけ少ない「現在の犠牲」でドイツとの戦争に勝利し、しかるのちに、日本との戦争に全力を傾注しようとするものであった。アイゼンハワーは三月二八日にスターリンに、西側連合軍の作戦計画「ＳＣＡＦ－２５２」を通告した。この計画には、西側連合軍によるベルリン占領は含まれておらず、しかもアイゼンハワーはイギリスに相談することなくスターリンに伝えていた。

これに対しチャーチルは三月二九日にアイゼンハワーに電話で抗議した。歴史家のアントニー・ビーヴァーはこう述べている。「最高司令官としてアイゼンハワーは、戦後世界を論じることは自分の仕事ではないと言いつづけた。できるかぎり損害を少なくして戦争を終わらせることが任務だった。彼の感触では、イギリスは軍事戦略を戦後政治に従属させている」。戦後構想が軍事戦略に影響を与えるのは当然であるにもかかわらず、このことを理解しようとしないアイゼンハワーは三月三一日にモントゴメリーに宛てた文書のなかで、「ベルリンについては、私は何ら言及していないことをご記憶願いたい。私に関する限りベルリンは、ただ地理的に存在するだけのもので、これには何ら興味はありません」と述べた。これに対してモントゴメリーは、「米軍はベルリンを政治的に失ったならば、戦略的に勝利を収めても、ほとんど役にたたないのだと、いうことを理解できなかった」と憤慨《ふんがい》とともに述懐している。

四月一日、アイゼンハワーはアメリカ軍部隊がドイツ東部を流れるエルベ川到達時に前進を停止することを決定した。アイゼンハワーの決定に納得できないチャーチルはこの日ローズヴェルトに電報を送り、「私は、政治的見地から、われわれができる限りドイツの東へ進入すべきであり、またベルリンを占領するならば、われわれが当然それをなすべきであると考えます」と主張した。しかしチャーチルの下にはアメリカ参謀本部から、アイゼンハワーの計画は既に合意された戦略と大統領の指示に矛盾していないとの回答が届いたのみであった。このあとすぐローズヴェルトの後を継ぐことになる新大統領のトルーマンも四月下旬に、「政治目的」のため「米国人の命を危険にさらすことに嫌悪感」を抱くと表明した。

チャーチルは回顧録のなかで、アメリカ側の決定について「われわれが長い間苦闘して得ようとしてきた永続的な平和を、すべて白紙に戻しかねないこととなった」と厳しく批判している。西側連合軍は、アメリカの意向によってより少ない「現在の犠牲」で勝利を得ることになったが、その代償として、ベルリンをソ連に明け渡すという、別の「将来の危険」を生み出すことになる。

「ブランデンブルクの奇跡」起きず

さて、こうして連合軍の進撃が続くなか、ヒトラーは自己の破滅にドイツ国家を道連れにしようとしていた。三月一九日、ヒトラーは焦土作戦命令を発した。これはドイツ国内のインフラ、資源、産業施設などを敵の手にわたる前に破壊するというもので、自ら国を焼いた一世紀の古代ローマ皇帝になぞらえて「ネロ命令」とも呼ばれる。このことを考えると、たとえ連合国側が無条件降伏政策の内容を明確化したとしても、早期戦争終結につながったとは考えづらい。

四月一二日、連合国側でもっとも強い立場で戦争指導にあたりながらもついにその目で戦争終結を見ることなくローズヴェルトが脳卒中で急死すると、地下壕に移っていたヒトラーはこの訃報《ふほう》に接して狂喜乱舞し、自身を一八世紀プロイセンのフリードリヒ大王と重ね合わせた。七年戦争(一七五六〜一七六三年)でプロイセンは、オーストリア、フランス、ロシアの攻撃を受けて存亡の危機に瀕し、大王は自殺寸前まで追いつめられた。だがロシアでエリザヴェータ女帝が死去し、親プロイセン派の新帝ピョートル三世の下でロシアが戦線から離脱したことで、「ブランデンブルクの奇跡」(フリードリヒ大王はブランデンブルク選帝侯)として知られるように九死に一生を得た。

またヒトラーは占星術に凝っていて、一九四五年四月の大厄は運命の突然の好転によって償《つぐな》われ、八月までに満足すべき平和が訪れるという予言をあてにしていた。そしてドイツに侵攻した西側連合軍とソ連軍のあいだで直接の武力衝突が起こるという希望的観測にとりつかれ、四月一八日には西側連合国とソ連のうち「良い条件を出したほうに味方するつもりだ」という夢物語をこの時ベルリンにいたヴォルフに語った。

しかし現実には、その二日前にソ連軍によってベルリン攻撃が開始されていた。四月二二日、ヒトラーは最後の作戦会議の席上、部下たちの前でこの戦争に負けたことを認め、すさまじい怒りののち、力尽きて、涙を流しながら安楽椅子にくずおれた。そしてこのままベルリンにとどまり、終末が到来した時に自決するという決意を語った。

総統が心神喪失状態にあるとみなしたヒムラーは、四月二三日から二四日にかけての夜にドイツ北部のリューベックで極秘にベルナドッテと会い、総統に代わって自分がアイゼンハワーの司令部に出向き、西部戦線の全ドイツ軍の降伏を交渉すると提案し、スウェーデンの助力を要請した。ヒムラーは自身を首班とする新たなドイツ政府が、西側連合軍の支持の下に生き残りを図ることを画策していた。

ヒムラー提案はスウェーデンを介して連合国側に伝えられたが、四月二八日に連合三か国はヒムラー提案を拒否したことを公表した。ヒムラーは、今度はド・ゴールのフランス臨時政府（自由フランスなどを前身として一九四四年九月九日に発足）との同盟を模索したが、連合国側との交渉が総統の地下壕中に知れわたり、同日ヒトラーはヒムラーの逮捕を命令した。ヒムラーは逃亡したが、イギリス軍に拘束されて自殺した。

これに先立つ四月二三日には、旧オーストリア国境近くのオーバーザルツベルクの別荘にいたゲーリング航空相がヒトラーに打電し、西部戦線のみでの降伏を念頭にアイゼンハワーとの直接交渉の権限を自分に与えることを求め、もし同日午後一〇時までにベルリンから回答を得られない場合は自分が総統の後継者として最高指導権を掌握すると通告してきた。激怒したヒトラーはゲーリングを大逆罪で逮捕することを命じ、その官職を剝奪した。

そのころイタリア北部のミラノでは、ドイツC軍集団司令官ハインリヒ・フォン・フィーティングホフ将軍が連合軍と降伏交渉を始めることを決意した。四月二九日、フィーティングホフの参謀ヴィクトル・ファン・シュウェインツらが、イタリア南部カゼルタの地中海連合国軍司令部にアレグザンダーを訪ね、午後二時、アレグザンダーの参謀W・D・モーガン将軍とのあいだでイタリア戦線の全ドイツ軍が無条件降伏するとする文書に署名した（五月二日正午発効）。以後ドイツは連合国に対しこれを含めて計三回にわたって公式に降伏するが、その第一回目であり、ヒトラーの生前に、その権威を無視しておこなわれた。

ヒトラーは四月二八日に遺言を起草し、そのなかでヒムラーとゲーリングをナチスから追放するとし、新大統領に海軍総司令官のカール・デーニッツ元帥を、首相にはゲッベルスを指名した。ヒトラーが後継者に海軍のデーニッツを選んだのは、敗戦の責任を陸軍になすりつけるためであった。四月三〇日、ヒトラーはエヴァ夫人とともに自室に引きこもり、午後三時三〇分、自らのこめかみに銃を撃ち込んだ。

同日夜に、ベルリンの国会議事堂屋上にはソ連軍の赤旗がひるがえった。ゲッベルスは交渉することに決め、ソ連軍のチュイコフに申し出たが、翌五月一日にソ連側から寄せられた回答は無条件降伏の要求であった。ゲッベルスが無視すると、同日夕刻にソ連軍はベルリン中央部に最後の総攻撃を開始し、ゲッベルスは地下壕で自殺した。

その夜、ハンブルク放送はヒトラーの死を報じ、続いてデーニッツが、自らがヒトラーの後継者であることを宣言した。五月二日、ドイツのベルリン防衛軍司令官のヘルムート・ヴァイトリング将軍はチュイコフにベルリン降伏を申し入れ、午後三時に首都での停戦が発効した。デーニッツたちはベルリンでの職務遂行が不可能なため、五月三日にデンマーク国境のフレンスブルクに移動した。

主権消滅

降伏に関するデーニッツの考えは、全面的降伏をできる限り引き延ばし、この間に東部戦線のドイツの軍隊と難民をイギリス占領地内に移動させようとするものであった。既にドイツ軍はヒトラーの生前からイタリア戦線で最初の公式な降伏をおこなっていたが、西部戦線のイギリス軍を相手に第二回目の、アメリカ軍を相手に第三回目の公式な降伏をおこなうことになった。

五月三日、海軍総司令官ハンス・ゲオルク・フォン・フリーデブルグ提督らドイツ代表団が同国北部ハンブルク郊外のヴェンディッシュ・エーファーンにあるモントゴメリーのイギリス軍司令部を訪れた。翌四日午後六時三〇分、フリーデブルグ、モントゴメリーらが降伏文書に署名し、ドイツ北西部における局地的降伏がおこなわれた（イギリス時間五日午前八時発効)。第二回目の降伏である。モントゴメリーが、ドイツ側が求める局地的降伏を受け入れたのは、「打ちのめされたドイツ軍よりも、現在前進してきているソ連軍の方がいっそう危険な存在に思われた」からであった。

続いて五月五日、モントゴメリーに対するものと同様の局地的降伏をアメリカ軍ともおこなうために、ランスに置かれたアイゼンハワーの司令部にフリーデブルグらが派遣された。しかしアイゼンハワーは局地的降伏を訴えるドイツ代表団に対し、西部戦線のみならず東部戦線においても全ドイツ軍が完全に降伏することを要求した。

ドイツの降伏文書は、一九四三年一〇月のモスクワ連合国外相会談でハル国務長官がイギリスのアンソニー・イーデン外相とモロトフに原案を提出して連合三か国の承認を得ていた。その後戦後処理のために設置された「ヨーロッパ諮問《しもん》委員会」が一九四四年七月二五日にさらに中身を詰め、一九四五年三月までに連合諸政府の承認を得ていた。しかしドイツの崩壊にともなう文書の修正中に事態が先に進んだため、結局アレグザンダーの司令部が起草した四月二九日の草案を下敷きに、アイゼンハワーの司令部が準備することになった。

降伏文書(「軍事降伏令」)には、「この時点でドイツの支配下にある陸海空全軍を無条件に降伏させる」とあった。五月七日午前二時四一分、ドイツ国防軍総司令部を代表する作戦部長のアルフレート・ヨードル将軍はアイゼンハワーの要求通りに降伏文書に署名した。アイゼンハワーは自分の趣味に合わないとして降伏文書に自分では署名せず、連合国遠征軍最高司令部代表としてベデル・スミス将軍に代行させ、次いでソ連軍最高司令部に代わって連合国遠征軍軍事連絡派遣団司令官のイワン・ススロパロフ将軍が署名をおこなった。この第三回目の降伏により、既に各戦場において各個になされていたドイツ軍の降伏が、ここで最終的に正式に承認された。

降伏文書には「ドイツ国防軍総司令部代表」の署名があるだけで「ドイツ政府代表」の署名はなく、文中でも「ドイツ政府」に言及していない。とはいえ、そもそもドイツ全土を有効に支配している中央政府がもはや存在していないので（連合国はデーニッツのフレンスブルク政府を承認しなかった）、ドイツ軍の無条件降伏がそのままドイツ国の無条件降伏となった。ドイツの降伏は降伏文書署名当日の午後〇時四五分に放送で発表され、翌八日午後一一時一分に発効した。

ところがランスでの降伏文書署名にスターリンは激怒した。降伏文書はソ連が占領しているベルリンで署名されるべきであり、それを受理するのは戦闘の大半を引き受けたソ連軍でなければならないというのである。そのため五月九日午前〇時一六分に、ベルリン郊外のカールスホルストにあったソ連軍の第一白ロシア戦線司令官ゲオルギー・ジューコフ元帥の司令部で、改めて降伏文書の署名がおこなわれた。連合国代表はジューコフ、アイゼンハワーの代理である連合国遠征軍副司令官のアーサー・テッダー元帥（イギリス軍）、そしてドイツ代表は、五年前にコンピエーニュの森でフランスを屈服させたカイテル将軍であった。

連合国は五月二三日にデーニッツ政権の全員を逮捕し、次いで六月五日、「ドイツには、秩序の維持、国家の行政、および戦勝国の要求の応諾について責任を引き受ける能力のある中央政府あるいは権威は存在しない」とみなし、アメリカ、イギリス、ソ連、そしてフランスが「ドイツの最高権威を掌握する」とする「ベルリン宣言」を発した。

その後、連合国とドイツ・日本以外のイタリアなど旧枢軸国とのあいだで、一九四七年二月一〇日にパリ講和条約が署名された。主権が消滅し、その後も東西に分断されたドイツは、統一をひかえた一九九〇年九月一二日になってようやく旧連合国とのあいだで講和条約に代わるものとしてドイツ最終規定条約を結んでいる。

＊

ヨーロッパにおける第二次世界大戦の終結は、「紛争原因の根本的解決」の極にあるケースである。アメリカ・イギリス・ソ連は、「現在の犠牲」を払ってでも、ドイツと妥協してナチズムが存続することになる「将来の危険」を拒絶し、無条件降伏政策を貫徹してドイツを完全に打倒した。加えて、第一次世界大戦と同じく総力戦である第二次世界大戦では、「妥協的和平」が困難であった。また連合国側の「現在の犠牲」が、アメリカ・イギリス・ソ連のあいだで分散されたこと、西側連合国とソ連が、ともに相手がドイツと単独講和するのを恐れたことなどが、連合国が「紛争原因の根本的解決」の極まで進むことを後押しした。

ナチズムの恐るべき「将来の危険」を考えると、連合国は「現在の犠牲」を払ってでも「紛争原因の根本的解決」の極を追求せざるをえなかった。ヨーロッパにおける第二次世界大戦は戦争終結が基本的には成功したケースである。

ただし、戦争終結の形態はアメリカ・イギリス・ソ連のあいだの戦後を見すえた確執にも影響されることになった。アメリカが「現在の犠牲」をためらってソ連とのベルリン獲得競争から降りたことは、ドイツとは別の「将来の危険」について判断を見誤ったものであった。

一方、連合国が「紛争原因の根本的解決」の極を追求する以上、敗者となったドイツ側にできることはほとんどなかった。ドイツの反体制派による和平工作や、ドイツ政府の一部によるアメリカ・イギリスとの単独講和の働きかけは、連合国側から拒否されることになった。こうなるとドイツは「損切り」をおこなうしかないが、ヒトラーは損切りどころか、自己の破滅にドイツ国家を道連れにするという最悪の道へと突き進んだ。

第二次世界大戦では最終的な決着までに、枢軸国によるフランスとの戦争終結と、連合国によるイタリアとの戦争終結がなされた。これらはいずれも「紛争原因の根本的解決」の極に近い戦争終結形態であった。

前者では、ドイツは軍事的勝利を背景に、少ない「現在の犠牲」でフランスを屈服させることが可能であり、また長年の宿敵であり、地政学上ドイツに二正面作戦を強いることができるフランスの「将来の危険」は小さくなかった。そしてフランスは、戦争継続とアメリカ参戦の可能性をイギリスより低く見積もっていた。

また後者では、連合国はやはり少ない「現在の犠牲」でイタリアに要求を呑ませることができ、一方でファシストの「将来の危険」は無視しえなかった。連合国との休戦は、ドイツからの防衛の保証というイタリアが求める条件には届かなかったが、イタリアとしては受け入れるほかなかった。

ただしどちらのケースでも、主敵との戦争が続行中であったため、戦略的打算から、「紛争原因の根本的解決」の極にまではいたらなかった。特に連合国がイタリアに対して無条件降伏政策を緩和したのは、連合国にとってのイタリアの「将来の危険」と自分たちの「現在の犠牲」のバランスをうまく考慮した措置であった（それでも休戦発表とイタリア本土上陸のずれという失敗はあった）。

さらに、大戦初期、ドイツとイギリスの「妥協的和平」が現実味を帯びた時期があった。

ヒトラーがイギリスとの妥協を求めたのは、フランス侵攻ほどイギリス本土侵攻は容易でなく、ドイツ側の「現在の犠牲」を覚悟しなければならない反面、イギリスがドイツの脅威となる「将来の危険」は少ないと考えられたことがあった。

しかしイギリスはフランスとちがってドイツと海峡を隔てており、またアメリカ参戦の可能性にフランス以上に望みをかけることができた。その限りにおいてイギリスは「現在の犠牲」を払いながらも戦争継続が可能だと判断し、逆にドイツとの「妥協的和平」は屈服にほかならず、「将来の危険」は計り知れないと確信した。イギリスは民主主義という価値のために、「現在の犠牲」を受け入れ、その価値を守った。またアメリカの参戦を通じ、構造的なパワー・バランスを自国に有利なかたちで変化させることにも成功を収めた。

第二次世界大戦で連合国は、ナチズムの「将来の危険」を完全に除去するために、「現在の犠牲」をいとわず最後まで戦いぬいた。その結果、戦後の新生ドイツ（西ドイツ）もイタリアも、アメリカ・イギリス主導の国際秩序の一員となった。

ただしアメリカは、「現在の犠牲」をイギリスだけでなくソ連とも分散し、しかもこの戦争の最後の最後に「犠牲」を恐れてソ連にベルリンを与えたことで、来たるソ連との冷戦にベルリンを主戦場として四〇年以上ものあいだ耐え続けなければならなくなるのである。

第3章

第二次世界大戦〈アジア太平洋〉

――「幻想の外交」の悲劇

ポツダム会談の連合国首脳。左からソ連最高指導者スターリン、トルーマン米大統領、チャーチル英首相

アジア太平洋における第二次世界大戦は、アメリカによる広島・長崎への核兵器使用とソ連の対日参戦という破滅的な結末を迎えたが、一方で、日本本土戦はついに回避された。一九四五年八月一四日、日本はポツダム宣言を受諾した。ポツダム宣言は連合国が七月二六日に発出した日本への降伏勧告である。同宣言は日本側が国民の生命・財産への被害の極小化以上に絶対条件と考えた「国体護持」すなわち天皇制存置の保証は含まず、逆に日本の全土占領、武装解除、戦争犯罪人の処罰、領土の局限化などの厳しい要求を含み、名目上「無条件降伏」を強いるものであった。つまり「紛争原因の根本的解決」の極に近い戦争終結形態となった。その一方で、戦争終結に引き続く占領は、連合国の目的が達成され日本国民の自由意思による平和的傾向を有する責任ある政府が樹立されるあいだにとどまる、といった条件も付していた。ここにいたるまでの死者数は、アメリカ側約一〇万、日本側約三〇〇万であった。このほかに、アジア太平洋全域で二〇〇〇万人以上が死亡したとされる。

太平洋戦争の場合、優勢勢力であるアメリカにとっての「現在の犠牲」と日本軍国主義の「将来の危険」が拮抗しており、難しい判断を迫られた。もともとアメリカは一九四一年一二月七日の真珠湾奇襲で自国に直接攻撃を加えた日本軍国主義をナチズムと並ぶ脅威とみなし、「妥協的和平」では取り除くことのできない「将来の危険」を除去するために、ドイツに対するのと同様に無条件降伏政策を掲げていた。しかし日本の抵抗は激しく、本土侵攻をおこなえば甚大な損害が予想された。ドイツでおこない、大量の血が流されるのを実際に目にした本土戦を、日本を相手に繰り返したくはなかった。

この場合、劣勢勢力である日本側から見て付け入る隙が生じる。日本側は「現在の犠牲」に対するアメリカ側の懸念に乗じて徹底抗戦に出て、少しでも有利な「妥協的和平」を得ようとした。

これに対してアメリカ側は、「現在の犠牲」を回避するために従来の無条件降伏政策を修正したポツダム宣言を作成した。しかし妥協しすぎると相手のさらなる要求を呼び起こすことになり、「将来の危険」の問題を解決できなくなるので、天皇制存置についてあやふやな表現をするなど、あいまいな約束しかできなかった。

対する日本側は、あろうことかソ連の仲介という「幻想の外交」にしがみつき、ポツダム宣言のあいまいさにさらなる妥協の余地を見出して、ソ連の仲介の下で同宣言を基礎にした和平交渉をおこなおうとした。

結局アメリカが自軍の犠牲に代えて核使用により暴力の烈度を上げたのみならず、ソ連参戦によって仲介の余地が断ち切られたため、日本は国体護持の明確な保証が得られないままポツダム宣言を受諾することになる。

なお太平洋戦争の降伏文書調印式は九月二日だが、本章では日本によるポツダム宣言受諾をもって戦争終結とみなす。

1　ポツダム宣言の発出——無条件降伏政策の修正

日本にも無条件降伏を

日本による真珠湾攻撃から約一年後の一九四三年一月二四日、アメリカのフランクリン・ローズヴェルト大統領は前章で見たようにカサブランカ会談後の記者会見で、枢軸国に対して無条件降伏政策をとることを表明した。一九四五年に入りドイツの無条件降伏（五月七日）を目前にした四月一二日にローズヴェルトが急死すると、大統領職を継承したトルーマンも無条件降伏政策を踏襲した。したがって、日本に対する戦争においてもアメリカがめざしていたのは単なる早期戦争終結ではなかった。あくまで、自分たちの条件（この場合は無条件降伏）による戦争終結であった。

日本の無条件降伏による戦争終結のための手段として考えられたのは、第一に、ドイツに対するのと同様の、アメリカ軍の上陸による日本本土戦（本土決戦）である。六月一八日の大統領・軍首脳による対日戦略会議で、日本本土戦のためのダウンフォール（殲滅《せんめつ》）作戦が決定され、第一段階であるオリンピック作戦（南九州上陸作戦）を一一月一日に、第二段階のコロネット作戦（関東平野上陸作戦）を翌一九四六年三月一日に開始することが計画された。

第二に、連合国の一員でありながら日本とは日ソ中立条約（一九四一年締結）にもとづく中立関係にあったソ連の対日参戦である。実はドイツ降伏に先立つ一九四五年二月一一日のヤルタ会談において、ローズヴェルトとソ連の最高指導者スターリンのあいだで、日本領千《ち》島《しま》列島をソ連に引き渡すことなどを代償に、ドイツ降伏の二～三か月後のソ連の対日参戦（実際には八月九日）を約束したいわゆる「ヤルタ密約」が結ばれていた。

そして第三に、当時アメリカで極秘裏に開発中であった核兵器の使用である。日本はアメリカの軍事的優位を、自国の損害受忍度の高さ（交戦相手よりもより大きな損害を受忍する覚悟がある）によって相殺しようとしたが、これに対しアメリカは日本の高い損害受忍度をさらに上回る核による損害を与えることで、その優位性を相殺しようとしていた。

一方、これらのオプションにはそれぞれデメリットがあった。日本本土戦をおこなえば、日本側はもとより、アメリカ側の「現在の犠牲」も膨大なものになる。統合参謀本部（JCS）による六月一五日の報告書によれば、日本本土戦を実施した場合のアメリカ軍の戦死者数は約四万人にも上ると予想されていた。また、ソ連参戦は、戦後東アジアにおけるソ連の影響力増大につながることが容易に想定できた。しかもドイツとの戦争終結のころとは異なり、アメリカとソ連の協調は揺らぎつつあった。核使用は、都市を破壊し大量の民間人を殺傷することになり人道上大きな問題があった。これらのデメリットを踏まえつつ、アメリカは自分たちの条件による戦争終結に向けて、オプションの選択、組み合わせ、タイミングについて、考慮をめぐらせていく。

ところで、無条件降伏政策に対する他の連合国の態度として、イギリスは、日本に対しより寛容な態度を示すことを求め、七月一八日にイギリス首相チャーチルは後述のポツダム会談の場でトルーマンに「日本人に軍事的名誉を保たせ民族の生存を保証する」ことを提案した。チャーチルはドイツ降伏後のソ連の影響力拡張に神経をとがらせており、日本との戦争が長引いて極東でソ連の力を頼むことになり、その結果西側がヨーロッパや中東でスターリンに譲歩せざるをえなくなることを懸念していた。しかしチャーチルの申し出に対しトルーマンは、「パールハーバー後の日本人にはいかなる軍事的名誉もありえない」とすげなく返答した。

ポツダム宣言案の起草と天皇制存置条項の削除

日本本土戦、ソ連参戦、核使用のデメリットがアメリカ政府内で認識されるなか、日本に対し降伏勧告の最後通牒を発出するというアイディアが、まず国務省のなかから現れてくる。

国務次官で、戦前に駐日大使を務めた知日派のジョセフ・グルーは、アメリカ軍による五月二五日の東京爆撃で宮城の明治宮殿が焼失したことにショックを受け、二八日、トルーマンに日本へ降伏勧告を発するように進言した。グルーはアメリカの核開発計画である「マンハッタン計画」について知っていた。続く政府内での検討のなかで、ヘンリー・スティムソン陸軍長官、ジェームズ・フォレスタル海軍長官、陸軍参謀総長ジョージ・マーシャル元帥らの意見が反映され、無条件降伏政策の修正が議論の俎上に載ってくる。

六月一八日の対日戦略会議の議事録には、合衆国陸海軍最高司令官（大統領）付参謀長のウィリアム・レーヒ元帥の発言として、「〔レーヒ〕提督は、たとえ無条件降伏を受諾させることに成功しないとしても、予見しうるかぎりの将来において日本の脅威があるとは懸念してはいなかった」と記されている。レーヒが真に懸念した点は、「あくまで無条件降伏を求めるならば、日本国民を自暴自棄に追いやるだけで、ひいては、わが方の死傷者数を増やすだけであろうということ」であった。日本の「将来の危険」は、ドイツのそれとは異なるものと認識されるようになり、むしろ「現在の犠牲」に注意が向けられるようになっていた。

無条件降伏政策を修正した対日降伏勧告を発出するという議論は、七月二日にスティムソンがトルーマンに提出した覚書と、それを基礎にした対日宣言草案（のちのポツダム宣言の原案）に結実する。国務・陸軍・海軍各省関係者から成る対日声明起草小委員会の手による対日宣言草案では、戦後日本は占領されるが、占領軍は目的が達成されれば速やかに撤退するなどと記して、事実上無条件降伏政策を修正した（もちろん、極端ではないだけで、アメリカは依然として「紛争原因の根本的解決」の極に近い結果を求めてはいた）。日本に対する無条件降伏政策の修正は、イタリアとの戦争終結過程と同様、連合国にとっての交戦相手の「将来の危険」と自分たちの「現在の犠牲」のバランスを考慮した柔軟な対応であった。

さらに同草案には、「そのような〔新たな日本〕政府が二度と侵略の野心を抱かないと世界を完全に納得させられるのであれば、現王朝の下における立憲君主制を含みうるものとする」という、いわゆる「天皇制存置条項」が含まれていた。

対日宣言は、連合国首脳会談の開催地であるベルリン郊外のポツダムで討議されることになった。ところが、ポツダムへの出発の三日前（七月三日）に国務長官に就任したばかりのジェームズ・バーンズは、日本との取引に否定的であった。これに先立つ六月一九日、ジョン・マクロイ陸軍次官補が、まず日本に天皇制存置を申し出、その申し出が拒否された場合に核の保有を示し警告するとの自らの意見をバーンズに伝えた（当時バーンズは暫定委員会〔核に関する大統領の諮問機関〕の大統領特別代表）。これに対しバーンズは、「それはわれわれの側の弱さと見られるかもしれないので、私〔マクロイ〕の提案に反対せざるをえない」とにべもなかった。「バーンズは皇帝〔天皇〕を戦争犯罪人扱いすることにはこだわらないとほのめかしたが、降伏要求に付随するいかなる『取引』にも反対した」と、マクロイは回想する。このようなバーンズの考えが、バーンズを政界での師と仰ぐトルーマンの判断にも影響を与えることになる。

トルーマンやバーンズが天皇制存置条項に否定的であった背景には、日本に対する一つの譲歩が、さらなる譲歩を求めようとする日本側のインセンティブを高める懸念があった。歴史家のバートン・バーンスタインは、「大統領とバーンズは、条件を緩和させれば、むしろ日本の軍部はさらなる妥協を求めて大胆になり、戦争が長期化すると考えていた」と指摘する。しかも天皇制存置条項を含む対日宣言を日本が拒否した場合には、敵に弱腰を見せるリスクを冒したうえに目的を達せられなかったとして、国内からの厳しい批判にさらされるおそれがあった。七月一六日に元国務長官のコーデル・ハルはバーンズに、「もし〔君主制存置を認めたにもかかわらず日本を降伏させることに〕失敗すれば、日本人は奮い立つ一方、アメリカでは恐るべき政治的反響が起こるだろう」と助言している。

また、天皇制存置にはアメリカ世論が否定的であった。六月二九日のギャラップ調査では、日本降伏後の天皇の処遇についてはアメリカ世論の三三％が処刑、三七％が裁判、終身禁固または流刑を求めており、天皇制存置を容認する意見はわずか七％であった。

国務省内でも、天皇制存置に対する疑問の声は根強く、アーチボルド・マクリーシュ国務次官補は七月六日にバーンズに提出した覚書のなかで、「たとえ今われわれにとって皇帝がどんなに有用であろうとも、今から一世代後に皇帝が最大の危険の源泉になるかもしれないという長期的考慮と比較衡量しなければなりません」としたうえで次のように主張した。「もし日本人が皇帝を保持することを認められるのであれば命が救われるという議論にも、同じ考慮があてはまります。費やされた命は無駄な犠牲となり、皇位が過去に戦闘的愛国主義者や産業拡張主義者によって利用されたように将来も利用されるのなら、新たな戦争が起き、将来再び命が失われることになるでしょう」。日本の「将来の危険」はドイツと同じではなかったにせよ、天皇制存置の保証は将来に少なからず不安を残すと考えられていた。

そして七月二三日にトルーマンがその同意を得るべく中国・重慶《じゅうけい》（国民政府）の蔣介石総統にポツダム宣言の最終草案を送付した時点で、天皇制存置条項は削除されていた。この判断には一定の合理性がある。

核兵器とソ連

この間、最終的には七月二六日にポツダム宣言として発出されることになる降伏勧告のタイミングについても検討が進められていた。もともとグルーは、降伏勧告を沖縄陥落（六月二三日）後に発出することを主張していた。しかし降伏勧告は、脅しが実行される直前か、相手に決定的な打撃を与えた直後のタイミングで発出するのが効果的である。だとすると、まず考えられるタイミングとしては、日本本土上陸作戦の開始予定日である一一月一日の直前の時期が挙げられる。スティムソンが当初考えていたのは、もし核が完成すれば日本に対してまず核を使用し、日本本土上陸の前に降伏勧告を発するというスケジュールであった。核は「心理的兵器」とみなされ、そのショック効果が期待されていた。

一方、六月二六日の国務・陸軍・海軍調整委員会でマーシャルは、「ロシアの参戦という形でわれわれの警告の根拠を重ねて知らせること」を提言した。もしソ連がヤルタ密約通りに、アメリカ軍の日本本土上陸より先に、八月ごろ対日参戦するのであれば、それもまた降伏勧告発出の重要な目安となる。七月一六日の核実験成功前は、まだ核は本当に使用できるかどうかすら分からない代物であった。

もしソ連参戦前後に降伏勧告を発するとすれば、事前にソ連と打ち合わせをおこなっておく必要がある。おりしもチャーチルは、ドイツ降伏後のヨーロッパにおけるソ連の勢力伸長を危惧し、早急に連合国首脳会談を開催することを求めており、ポツダム会談として実現する。トルーマンは六月一八日の対日戦略会議において、ポツダム会談の場を利用し、ソ連と事前調整をおこなったうえで、対日降伏勧告を発するとの判断を示した。ただし日本問題はポツダム会談の正式議題ではなく、ソ連の対日参戦は非公式会談の場で話し合われる。

そしてポツダム会談の開催時期を決めるうえである程度考慮されたのが、七月中旬以降にアメリカが核を使用できる可能性であった。この点について修正主義（アメリカは核を使用しなくても日本が降伏すると分かっていながら、戦後を見すえたソ連への威嚇《いかく》のために核を使用したとする立場）をとる歴史家のガー・アルペロヴィッツは、「端的に言えば、トルーマンは新兵器についての確証が得られるまでスターリンとの会談を延期することに決めたのである」と述べて、トルーマンは核実験に合わせて連合国首脳会談開催を遅延させ、その結果、対日宣言の発出と戦争終結が遅れたと主張している。しかし、仮にトルーマンが核保有を首脳会談開催の不可欠の前提と考えていたならば、核実験が成功するまでは首脳会談の開催に応じないという選択肢を追求したはずである。

実際にはアメリカは、首脳会談開催にあたり核実験成功後よりもソ連参戦前というタイミングを優先した。さもなくば、成功するかどうか分からない核実験の結果を待つために、ソ連の参戦期限を超えて首脳会談が先延ばしになる可能性があり、その場合ソ連の参戦を対日宣言の調整なしに迎えなければならなくなる。ポツダム会談に臨むトルーマンにとって核保有は、もし間に合えば、というくらいの感覚だったのではなかっただろうか。

ところが、本当に間に合ってしまった。七月一六日、ニューメキシコ州アラモゴードでアメリカが人類史上初の核実験に成功すると、アメリカは、人道上の懸念にさえ目をつむれば、日本本土戦におけるアメリカ軍の「現在の犠牲」のみならず、戦後東アジアにおけるソ連の影響力増大も極小化して、日本を降伏させられる可能性を手にした。これにより、日本にそれ以上の譲歩をおこなおうというインセンティブは働かなくなった。

　またスティムソンは後述の日本側の和平への動きやソ連に対する警戒感から意見を変え、日本のソ連仲介策を暗号解読で知ったあとの七月一六日には「対日宣言をポツダム会談中の早い時期に発するよう」トルーマンに進言した。結局、核使用もソ連参戦と同様に最後通牒のあととされた。

　ここで問題となるのがソ連の扱いである。ドイツ降伏後、ソ連は東ヨーロッパで影響力拡張を画策するようになっていた。もともとバーンズは、「ソ連が対日参戦をしないことに決心してくれればかえって仕合わせだと思っていた。日本は無条件降伏を拒否しているが、原爆は成功するだろうし、それで日本は米国の提案するとおりの条件で降伏するにちがいない。ソ連軍が満州〔日本の事実上の支配下にある中国東北部〕に侵入したらどんなことが起こるか心配にたえない」との考えであった。また七月二三日にマーシャルと会話したスティムソンは、それまではソ連参戦を期待していたマーシャルが「今やわれわれの新兵器をもってすれば、日本を征服するのにロシアの支援を必要としないであろうと考えている」と確信した。

　たしかにもしソ連参戦前に日本が降伏していたら、アメリカは朝鮮半島全土を占領できただろうし、そうすると戦後東アジアの国際政治は実際とはまったく異なる歴史をたどることになったはずである（次章で見る朝鮮戦争も起こらなかった）。核の実戦での有効性を確信する立場からすると、西側連合国は過去二年間（一九四三年一一〜一二月のテヘラン会談以来）ソ連に対日参戦を求め続け、そのための代償まで約束していたのに、いよいよそれが実現しようという段になって（スターリンは七月一七日にトルーマンに対日参戦を確約）、皮肉なことに当のソ連は余計なお荷物になってしまったのである。

七月二六日、連合国はトルーマン、チャーチル、蔣介石の名前でポツダム宣言（「日本降伏条件定義の宣言」）を発出した。同宣言は「無条件降伏」の語を用い、日本に対し占領、武装解除、戦争犯罪人の処罰、植民地の放棄、民主主義的傾向の復活強化と自由・基本的人権尊重の確立を要求した。そして前述の通り、天皇制存置の保証はしなかった。

その一方で同宣言は、スティムソンの勧告もあって無条件降伏の対象を「全日本軍隊」に限定し、「我等の条件は左の如し」として、この宣言が日本人の民族としての奴隷化や国民としての滅亡を意図するものではないこと、占領は連合国の目的が達成され日本国民の自由意思による平和的傾向を有する責任ある政府が樹立されるあいだにとどまることを明らかにした。加えて、日本の軍隊は武装解除後に家庭に復帰し、平和的・生産的な生活を営む機会が得られること、日本は経済を支え実物賠償の取り立てを可能にする産業の維持とその原料の入手を許され、将来的に世界貿易関係への参加を許されることを約束した。

スターリンの署名なし

実はポツダム宣言の原案には、「今や巨大なるソ連の軍事力の参加を得て」との表現があった。しかしソ連は同宣言から、この文言もろとも排除された。バーンズがポツダム宣言本文をソ連のヴャチェスラフ・モロトフ外相に渡したのは、既に同宣言を記者会見で発表してしまったあとであった。アメリカは事前にソ連の了解を得ることなしにポツダム宣言を発出したが、仮に事前に話を持ちかけていれば、スターリンが日ソ中立条約破棄を正当化するためにポツダム宣言への署名とその参戦前の発表に応じたであろうことはほぼ確実である。

実際ソ連は独自の対日宣言案をポツダムに持ってきており、そこには「民主連合国政府――アメリカ、中国、イギリス、ソ連――が日本への態度を宣言する必要があると認識するときが来た。〔中略〕日本は、戦争を終わらせ、武器を置き、無条件に降伏しなければならない」と記されていた。また歴史家のデイヴィッド・ホロウェイが論じるように、日本がスターリンの署名のあるポツダム宣言を受諾すれば、ソ連は「戦わずして」、ヤルタ密約で約束された戦利品を手にできたであろう。

事前にソ連に相談しなかった理由についてバーンズはモロトフに対し、ソ連と日本は戦争状態にないからソ連をポツダム宣言に関わらせることで「貴国に迷惑をかけたくなかった」

という、おためごかしの釈明をおこなった。この点についてトルーマンは、「米国やその他の連合国としては、ソ連が対日開戦をするのに理由をつけてやる義務もないわけである。〔中略〕軍事顧問たちはソ連が何もしないでわれわれの長い苦しい大きな努力の実りを横取りすることを快く思わなかった」としたうえで、ソ連はポツダム宣言に加わらずとも「一九四三年十月、モスクワにおいてソ連が引き受け〔た責任〕、また最近の国連憲章からして」対日参戦が可能だとアメリカはみなしたと弁明している。

たしかに一九四三年のモスクワ宣言で、連合四か国（アメリカ、ソ連、イギリス、中国）は諸国の共同体に代わって共同行動をとるとされ、また一九四五年六月二六日に調印された国連憲章では同憲章が国際法（日ソ中立条約）に優先し、またモスクワ宣言の当事国とフランスは暫定的に国連に代わって軍事的措置をとることができるとなっていた。しかし、日本が参加していないモスクワ宣言によって日本が締結した条約が無効化されることは国際法上ありえないし、また国連憲章はこの時点ではまだ発効しておらず、しかも国連憲章に署名していない日本にその効力が及ぶはずがない。実際、ソ連が対日参戦した際、ソ連はトルーマンが言うような説明はしなかった。アメリカは、第一次世界大戦でフランスとイギリスがアメリカに対してしたように、戦時にあってはソ連の価値を最大限利用しつつ、戦後にあってはそれへの対価を最小化するという、当たり前のことをしようとしていただけであった。

八月八日、モロトフはアメリカのアヴェレル・ハリマン駐ソ大使を呼び出し、対日参戦について事前通告した。その際モロトフはハリマンに、ソ連は八月中旬までは対日行動はとれないと予想されていたが、「ドイツの敗北から三ヵ月後には太平洋戦争に参加するといった約束を厳格に守って、無理をしてここに参戦を決意した次第である」と述べてアメリカに意趣返しした。

アメリカがポツダム宣言からソ連を排除したのは、日本本土戦以外の手段をアメリカ単独で用意できたからにほかならない。核保有が対日宣言に与えた影響とは、その遅延でも、(別の論者が言う)核使用を前提とした口実を作ることでもなく、ソ連の排除であった。以上は核実験成功が時系列的に偶然にもソ連参戦の前になったことが大きい。

しかし、ポツダム宣言からのソ連の排除は、同宣言が警告する日本が受諾しない場合の「迅速且《かつ》完全なる壊滅」という脅しの信憑《しんぴょう》性《せい》を損なうものとなった。また核使用についても、既に六月一日の暫定委員会の会合で、日本に対するデモンストレーションを含む事前警告をおこなわないことが既定路線となっていた。これらのことは、戦争終結に関する日本側の深刻な誤判断を招くことになる。

2 ソ連仲介策――「幻想の外交」の始まり

同盟依存と一撃和平の破綻

アメリカが日本とのあいだで「紛争原因の根本的解決」の極に傾いた形態での戦争終結を求めたのに対し、日本にはアメリカに同じことを強いるだけの国力はなかった。日本の初期の戦争終結構想である一九四一年一一月一三日の大本営政府連絡会議決定の「対米英蘭戦争終末促進に関する腹案」で期待されたのは、同盟国ドイツの勝利を前提にしたイギリスの屈服と、それがもたらすであろうアメリカの継戦意志の喪失によって、アメリカとの戦争を引き分けに持ち込むことであった。要するに、「同盟依存」の戦争終結構想である。ところが一九四三年二月にスターリングラードの攻防戦でドイツ軍が敗れ、ソ連軍の反攻が始まると、今度はドイツ・ソ連間の和平に希望をつなごうとする。最初から他人頼みの「聖戦」なのだ。食うか食われるかの戦争を戦っているドイツ・ソ連両国が日本の和平斡旋の申し出に応じるはずもなく、戦局が悪化していくなかで台頭してくるのが、「一撃和平」という戦争終結構想である。昭和天皇は、「一度何処《どこ》かで敵を叩いて速かに講和の機会を得たい」との考えから、一九四四年一〇月のレイテ沖海戦の前に「一度『レイテ』で叩いて、米がひるんだならば、妥協の余地を発見出来るのではないかと思い」と『独白録』で述べている。実際には沖縄が一撃の舞台として考えられることになり、一九四五年四月七日に総理に就任した男爵鈴木貫太郎《かんたろう》提督は、「沖縄戦に於いて或る程度先方を叩いたら和議を踏み出して見ようと思っていたのである」と戦後に述べている。乾坤一擲《けんこんいってき》の勝負に出て、活路を見出すのだという。

日本がまずは同盟依存、戦局が悪化してからも一撃による「妥協的和平」にあくまでこだわったのは、降伏後に関する不安のためである。日本は天皇を中心とする国の在り方としての「国体」を護持することを絶対条件と考えていたが、無条件降伏政策を掲げる連合国が国体護持を認める保証はなかった。それればかりか、一九四四年九月二五日に陸軍省軍務局軍事課がとりまとめた文書は、日本降伏の場合には連合国によって「大和民族の滅亡を図る之が為大和民族男子の支那《しな》〔中国〕、アフリカ、印度《インド》、ニューギニヤ、豪州等への奴隷的移駐」もありうるとしていた。

一九四四年末からアメリカ軍による日本本土への戦略爆撃は激しさを増し、一九四五年三月一〇日の東京爆撃では民間人を中心に一〇万人以上が殺害されるなど、各地に壊滅的な被害がもたらされていた。また五月七日のドイツの無条件降伏は日本の国際的孤立を決定的なものとした。これで沖縄戦に勝てず、しかも降伏を拒否するなら、残された道は本土決戦しかない。しかし日本本土戦は不可能であり、本土戦に代わる何らかの外交的手段を追求するという考え方が、天皇をはじめ宮中、政府、軍部のあいだで意識されるようになってくる。ドイツの降伏は、「国際信義」とされていた日本・ドイツ・イタリア単独不講和協定から日本を解放するものでもあった。

一撃和平からソ連仲介策へ

六月八日の御前会議は、「飽く迄《まで》戦争を完遂し以て国体を護持し皇土を保衛し征戦目的の達成を期す」ことを決定した。しかしドイツ降伏が間近に迫った五月初旬に、既に一撃和平に関する天皇の考えは大きく変わっていた。六月八日の御前会議の決定に対し天皇が内心困惑していることを忖度《そんたく》した内大臣木戸幸一《こういち》侯爵は、ただちに「時局収拾の対策試案」と題した文書を起草した。

木戸が作成した試案は、「下万民の為め、天皇陛下の御勇断を御願い申上げ〔中略〕戦局の収拾に邁進するの外なし」とし、方策としては「天皇陛下の御親書を奉じて仲介国と交渉」することを掲げ、具体的には「今日中立関係にある蘇連《それん》をして仲介の労をとらしむる」とするものであった。第三国、具体的にはソ連の仲介による戦争終結という木戸の構想について、翌九日に説明を受けた天皇はこれを支持した。ソ連仲介策は、以前より陸軍でも検討されていた構想であった。天皇はのちに、ソ連仲介策をとったのは「それ以外の国は皆微力であるから仲介に立っても英米に押されて無条件降伏になる怖れがある」「ソ連なら力もあるし且中立条約を締結して居る情義もある」のが理由であったと説明している。

天皇は、アメリカ軍の本土上陸を迎え撃つべく軍部が準備を進める決号作戦への憂慮を深めていた。天皇は侍従武官からの報告で、決号作戦に不可欠な九十九里《くじゅうくり》浜の海岸防備がほとんどできていないことを知る。天皇が衝撃を受けたのは、六月九日に参謀総長梅津美治郎《うめづよしじろう》将軍から、次いで一二日に海軍戦力査閲使の長谷川清《きよし》提督から伝えられた軍の実情に関する報告であった。想像をはるかに超えた軍の弱体化という現実を数字でもって突きつけられた天皇は、「講和を申込むより外に途《みち》はないと肚をきめた」。

一方、陸軍は、降伏は認めない立場であり、和平派を「日本のバドリオ」（裏切り者の意）となじって、本土戦による一撃に固執していた。また陸軍のなかには、たとえ本土戦に敗れたとしても、一億玉砕によって国体が「精神的に」護持できると考える過激派もいた。

しかし陸軍のなかには、過激派とは異なり、本土戦はあくまで勝つための水際作戦をおこなうということであって、このころ軍が準備していた長野県松代《まつしろ》の地下壕に立てこもってまで戦争を続けるつもりはないという考えもあった。五月一六日より前に、陸相の阿南惟幾《あなみこれちか》将軍は、「戦争終結を考えない決号作戦というものはあり得ない。決号作戦の為の決号作戦ということはない」と述べていた。また阿南は後述の五月の最高戦争指導会議でも提議されるソ連仲介策（木戸試案より前）に理解を示した。一撃を加えて軍事的優位に立ったのちに、ソ連の外交的支援を得て、「妥協的和平」に持ち込むという展望が描けるからである。

加えて、そもそも本土決戦といっても、アメリカ軍の本土上陸が翌年まで延びること（日本はそれまでもたない）や、戦略爆撃だけで本土が灰燼に帰すことも懸念された。ここに陸軍がソ連仲介策に歩み寄る素地があった。またソ連という仲介者の存在は、コミットメント問題の解決にもつながるであろう。

天皇召集の懇談会

実は木戸が「時局収拾の対策試案」を起草する一か月ほど前の五月一一、一二、一四日にかけて開催された最高戦争指導会議において、鈴木総理、東郷茂徳《しげのり》外相、阿南陸相、海相米《よ》内光政《ないみつまさ》提督、梅津参謀総長、軍令部総長及川古志郎《おいかわこしろう》提督のあいだで、ソ連参戦の防止、ソ連中立の確保に努めることで合意が成立していた。そしてこの時は保留となったが、ソ連仲介による戦争終結とその場合のソ連に対する見返りについても議論がなされていた。

ここで阿南は、ソ連は戦争が終われば東アジアでアメリカと対立することになると考えているだろう、そうであれば日本の力を温存させようとするだろうと主張した。阿南の言い分の前半部分は妥当だが、後半は必ずしもそうではない。ソ連は戦後アメリカと対立することになるからこそ、アメリカが利用する場合に備えて日本を弱体化させた方が望ましいと考えたり、むしろ日本とその支配地を自分で奪いにきたりするかもしれないからである。東郷は、もともとソ連に対する警戒感からアメリカとの直接和平を主張していたが、直接和平には断固反対の陸軍（降伏になる）がソ連仲介策には歩み寄ると考え、この路線を主導していくようになる。

会議ではその場合のソ連への代償として、満州国（日本の傀儡《かいらい》国家）の独立は可能な限り維持し、朝鮮は日本の手に留保するが、日露戦争の講和条約であるポーツマス条約（一九〇五年）の廃棄、北樺太《からふと》の返還、漁業権の解消、津軽海峡の開放、北満州における諸鉄道の譲渡、内モンゴルにおけるソ連の勢力範囲の承認、旅順《りょじゅん》・大連《だいれん》の租借、場合によっては千島列島北半の譲渡などを提示することが合意された。

しかし、ソ連の仲介を得てからの、肝心のアメリカとの和平条件については結論を出すことはできなかった。阿南が、「日本が敵の領域を占領して居るのは広大である」ことを基準にすべきだと主張したのに対し、東郷と米内が、講和条件は「戦争全体の趨勢《すうせい》から見るべき」と反論したためである。

その後宮中と内閣の意思疎通を経て六月一八日に開催された最高戦争指導会議（五月二九日に軍令部総長は豊田副武《とよだそえむ》提督に交代）で、ソ連の仲介によって、「米英との間に少くとも国体護持を包含する和平を為す」こと、「九月末頃迄」の戦争終結を見越して、「蘇連の態度を七月上旬迄に偵察した上」で方策を講じることでおおむね意見が一致した。ただし、阿南、そして鈴木も、この時点ではソ連仲介策だけでなく、一撃和平を同時に追求していた。

この点について転機となったのは、沖縄陥落前日の六月二二日に天皇が木戸の進言により最高戦争指導会議の構成員を召集した懇談会であった。この席で天皇は異例にも、「戦争の指導については去る八日の会議において決定したが、戦争の終結についても速やかに具体的研究を遂げ、その実現に努力することを望む」と述べて、戦争継続をうたった六月八日の御前会議の決定を事実上くつがえした。しかも、ソ連仲介策には異存はないがその実施には慎重を要するとした梅津に対し、「慎重を要するあまり時期を失することなきや」と詰め寄った。そしてここで「速やかな交渉の実施を要する」と梅津に言わせたことで、ソ連の仲介による早期戦争終結という方針が決定された。

さらに重要なのは、天皇がこの席で梅津に対し、異例にも「慎重に措置すると云《い》うのは敵に対し更に一撃を加えた後にと云うのではあるまいね」とたたみかけ、梅津から「其意味でない」との言質《げんち》を引き出したことである。一撃和平でも、一撃和平とソ連仲介策の抱き合わせでもなく、初めから一撃和平をとらないという選択肢がここに示された。こうなると、たとえソ連仲介策が失敗しても、一撃和平路線に戻るのは難しくなる。

「幻想の外交」

　しかしよく注意してみると、ソ連仲介策はきわめてリスクの高い選択であった。首尾よくソ連の仲介が得られたとしても、その場合日本は戦後、ソ連の勢力下に置かれる危険があった。しかも一九四五年四月五日には、ソ連は日本に中立条約の不延長を通告していた（条約の効力自体は翌一九四六年四月まで有効）。ソ連にしてみれば、一時期中立関係にあったからといって、日本のために仲介で得られる以上の戦利品をあきらめなければならない理由はどこにもなかった。

　だがソ連が仲介どころか、仮に対日参戦してくれれば打つ手はなく、陸軍はただ満州の関東軍が持ちこたえるのを「念願」するしかなかった。だからこそ陸軍は、ソ連は参戦しないという希望にすがりついたと、歴史家の庄司《しょうじ》潤一郎《じゅんいちろう》は指摘する。外交史家の細谷《ほそや》千博《ちひろ》はソ連仲介策を愚策と断じた佐藤尚武駐ソ大使の七月一二日の東郷宛電報にある「現実に遠ざかりたる幻想を防止すること本使第一の責任」の一文を引いてソ連仲介策を「幻想の外交」と呼んだ。歴史家の長谷川毅《つよし》はさらに辛辣《しんらつ》にこう言っている。「モスクワの斡旋は日本の為政者にとって、苛酷な現実から逃避する阿片《あへん》であった」。日本は、ソ連仲介策の非現実性に向き合うべきであった。

ともあれ、対ソ連工作の最初の舞台となったのは、六月三日からおこなわれていた外交官出身の広田弘毅《こうき》元総理とヤコフ・マリク在京ソ連大使の一連の会談である。しかしこの間の六月二六日から二七日にかけて、ソ連共産党政治局・政府・軍の合同会議で、八月までに満州の日本軍に対する全面攻撃をおこなうことが決定されていた。日本は、広田＝マリク会談に応じることで参戦準備が整うまで日本にそれと悟られまいとしたソ連の術策にはまっていた。結局病気と称するマリクに対する七月一四日の広田からの見舞い申し入れをもって、広田＝マリク会談は打ち切りとなった。マリクとの交渉を、東郷自身が、公式に、具体的な提案を持って、期限を切っておこなっていれば、ソ連仲介策には現実性はないことがもっと早くはっきりしたかもしれないと長谷川は指摘している。

特使をモスクワに

六月二二日の懇談会でソ連仲介策が決まり安心していた天皇も、七月に入ってもソ連との話が進んでいないことに焦りを覚え始めた。七月七日、天皇は鈴木を呼び出し、「〔ソ連の〕腹を探るといいても時期を失しては宜《よろ》しくない故この際寧《むし》ろざっくばらんに仲介を頼むことにしては如何《いかん》、親書を持ちて特使派遣のことに取運んでは如何」と督促した。天皇は近く開催される連合国首脳によるポツダム会談のことも気にかけていた。天皇の督促を受けて七月一〇日に最高戦争指導会議が開かれ、ソ連への特使派遣が決定される。選ばれたのは元総理の近衛文麿《このえふみまろ》公爵であった。

近衛そして木戸の考えは、近衛とスターリンが会談したあと、ただちにその結果に対する天皇の承認を得て、陸軍を抑えて戦争終結を実現するというものであった。もしモスクワでの交渉が不首尾に終われば、そこからアメリカ・イギリスとの直接交渉に入ることを想定した酒井鎬次《こうじ》将軍（第一〇九師団長）や高木惣吉《そうきち》提督（軍令部出仕・海軍大学校研究部部員）のような近衛や米内に近い和平工作者たちもいた。

東郷の訓令を受けたモスクワの佐藤は、七月一三日にソ連側に近衛の派遣を申し入れたが、ソ連側の反応ははかばかしくなかった。ソ連外務省は七月一八日に佐藤に対して、近衛公爵の使命が不明瞭なので特使派遣の申し入れに回答することは不可能であるとの返事を伝えてきた。佐藤自身、無条件降伏以外に道はないと考えており、七月二〇日に東郷に宛てた電報のなかで「七千万の民草枯れて上御一人《かみごいちにん》御安泰なるを得べきや」とまで述べていた。佐藤のこの一言に、問題の本質は集約されている。

実は七月一八日にスターリンはポツダムで、近衛派遣に関する日本側の申し入れをトルーマン大統領に知らせていた。この時スターリンが、「ソ連は日本と戦争をしておらず、日本をそっとしておきたいので、近衛ミッションの性格が不明だとして特定の回答をしない」との考えを述べたのに対し、トルーマンは満足の意を示した。

ポツダム宣言発出後、ドイツの分割占領を含む戦後ヨーロッパの在り方を示したアメリカ・イギリス・ソ連による「ポツダム協定」が八月二日に発表されてポツダム会談は閉幕した（この間チャーチルは総選挙で敗れ、終盤には代わってクレメント・アトリー新首相が参加）。モスクワに戻ったスターリンは仲介どころか、アメリカによる対日核使用を念頭に、極東ソ連軍総司令官のアレクサンドル・ヴァシレフスキー元帥にむしろ対日侵攻日時を繰り上げるよう命じた。

「最後通牒とは受取れず」

日本が近衛派遣に関するソ連側の返答を待っていたさなかの七月二七日早朝、日本外務省はラジオ放送でポツダム宣言の発出を知った（このようにポツダム宣言は正式な外交文書ではなかった）。

ここで日本側が目を向けたのは、ポツダム宣言に誰の署名があるかではなく、誰の署名がないかであった。ポツダム宣言を通読した東郷は、連合国側が無条件降伏政策を修正したということを正しく理解したが、同時に、「米英支三国の共同宣言であって、ソ連が名を連ねていないこと」に注目した。ポツダム宣言参加国のなかで日本に対する立場はアメリカ・イギリスとソ連で異なり、ソ連は日本に宥和的だったのではないか。だからこそスターリンはポツダム宣言に署名しなかったのではないか。ポツダム宣言は日本国民の「自由意思」による政府の樹立に言及しているものの、日本側の絶対条件である天皇制存置を明言しているわけではなく、また同宣言がいう「戦争犯罪人」に天皇が含まれる可能性もあると考えられた。

東郷は、ポツダム宣言が発せられた以上、いつまで経っても返事を寄こさないソ連に見切りをつけて同宣言を即時受諾するしかない、とは考えなかった。引き続きソ連の仲介を求め、その仲介を得て「成るべく連合国側と交渉に入って其〔ポツダム宣言の〕不利且不明確な点を幾分なりと修正せしめたい」と考えてしまった。陸軍側も、「蘇連は勿論《もちろん》此《こ》の起案に参加しありて而《しか》も連名しあらず茲《ここ》に外交的に乗ずべき余地を有しありことは明《あきらか》なり」とのまったくの誤判断を下していた。

同日の最高戦争指導会議、そして午後の閣議でも、ポツダム宣言をただちに受諾するのではなく、まずはソ連の返事を待ち、ソ連の仲介の下で、同宣言を基礎にした和平交渉をおこなう、という方針が固まった。ちょうどドイツ帝国がウィルソン大統領の「十四か条の原則」を和平交渉の足がかりとして利用しようとしたのに似ている（ポツダム宣言とウィルソンの要求は君主の扱いがあいまいである点で共通するが、前者の方が初めから条件の厳しさを明確にしていた）。だがここで日本はポツダム宣言を和平交渉の足がかりにしようなどと欲を出さず、「損切り」をおこなう勇気を持つべきであった。

日本側では、ポツダム宣言が最後通牒であるとの切迫感に乏しかった。鈴木も八月三日の閣議で、「そういうこと〔ポツダム宣言〕を敵側がいうということは、向う側に最早《もはや》戦を止めねばならない実情が出来たのである」と高をくくっていた。鈴木は七月二八日の記者会見で、ポツダム宣言の「黙殺」と受け取れる発言をしている。参謀本部作戦課長の服部卓四郎《たくしろう》大佐は、最高戦争指導会議の受け止め方として、ポツダム宣言は日本が受諾しない場合は「迅速且完全なる壊滅あるのみとす」などと脅しているものの、「最後通牒とは受取れず、且つそれを日本が受諾しなくてもその結果は、本土に対する敵の活動が激化し遂《つい》に最後的上陸となる位《くらい》が最悪の場合であって、時機的にそれほど差迫っているものではない」というものであったと指摘する。「迅速且完全なる壊滅」には、信憑性が不足していたのである。

ポツダム宣言に天皇制存置条項があれば日本は同宣言を即時受諾したとは断言できない。しかし、同宣言の内容のあいまいさのために、日本側はそこに交渉の余地を見出すことになってしまった。たとえばソ連仲介の可能性がゼロであることが日本側に伝えられるか、ポツダム宣言にスターリンの署名があれば、あるいはポツダム宣言が外交チャネルを通じた正式な文書として発出され、またそのなかで明確な受諾期限が設定されていれば、ソ連仲介策の再考につながり、結果は変わっていたかもしれない。

一方、東郷から佐藤を通じての度重なる督促にもかかわらず、待てど暮らせどソ連からの返事は来なかった。七月三〇日の電信で佐藤は東郷に対し、「此の点貴方御観察と当方面の実際とは甚《はなはだ》しく食違い居るやに見受けらる」とまで述べてソ連の返事にすがる本国の方針を痛烈に批判した。しかし東京の考えは変わらず、モスクワからの回答があり次第、近衛特使一行がソ連に入るてはずとなっていた。「政府は、ひたすらソ連の回答を待った。そして月がかわり八月になり、政府の焦慮はつのるばかりであり、連日ほんとうに気が気でない毎日を迎えこれを送った」と迫水久常《さこみずひさつね》内閣書記官長は回想している。

3　核兵器使用、ソ連参戦、ポツダム宣言の受諾――絡まり合った運命の糸

消えた最高戦争指導会議構成員

八月六日、アメリカは広島に対し核兵器を使用した。トルーマン大統領による核使用の発表は、翌七日午前一時ごろに日本側にも伝えられた。これに対し日本が最初におこなったのは、本当に核が使用されたかどうかについての確認であった。結局核使用から確認まで二日かかり、最高戦争指導会議はさらに一日あと、八月九日に開催されることになった。

その間の九日未明、ソ連が対日参戦してくる。

アメリカによる核使用とソ連参戦とどちらがポツダム宣言受諾の決定打になったのかについては、長らく歴史家たちの論争の的となっている。外交史家の麻田貞雄《あさださだお》は、戦後外務省が編纂し一九五二年に刊行された『終戦史録』の次の記録などに注目する。『終戦史録』によれば、八月八日の「朝」、昭和天皇と東郷外相が面会した。この場で東郷は天皇に、「昨七日傍受の新型爆弾に関する敵側の発表とその関連事項、及び新型爆弾の投下を転機として戦争終結を決すべき」と具申した。これに対し天皇は、「この種の兵器の使用により戦争継続はいよいよ不可能にして、有利な条件を獲得のため戦争終結の時機を逸するは不可につき、なるべく速やかに戦争を終結せしめるよう」希望した。天皇との面会後、東郷は鈴木総理に最高戦争指導会議の招集を申し入れた。『終戦史録』によれば、東郷は鈴木に会議の招集理由を「広島の原爆投下のことから」と語ったとされ、また同会議が八日中に開催されなかったのは「その日は構成員中に都合つかぬものがあり」、九日に延期されたためであった。

ソ連参戦前からおこなわれていたこれらのやり取りも重要な論拠としつつ、麻田は「原爆投下なしに日本が一九四五年八月に降伏した可能性はきわめて少なかった」と主張している。『終戦史録』が語る前記のようないきさつのなかでまず引っかかるのは、広島核攻撃を受けて本来ならば八月八日に開催されていたはずの最高戦争指導会議が「構成員中に都合つかぬもの」がいたので九日に延期された、という記述である。麻田はこの出来事に対して、「一刻を争うときに、『都合が悪い』とはなにごとだろうか」と指弾している。一方、長谷川毅はポツダム宣言受諾の要因として核使用よりもソ連参戦を重視する立場から、逆に「〔核攻撃だけでは〕都合の悪い人がいれば最高戦争指導会議を延期してもかまわないような、まだ切羽詰まったというところにまで来ていなかった指導者の心理状態を表している」と解釈する。

では、この時都合がつかなかった人物とは、最高戦争指導会議構成員六人のうちの一体誰だったのか（麻田も長谷川も特定していない）。この問題についてはのちほど検討するとして、その前に、『終戦史録』の重大な誤りについて指摘しておかなければならない。

天皇と東郷はいつ会ったのか

前述の通り、天皇と東郷が核攻撃を転機とした早期戦争終結を話し合ったとされる日時について、『終戦史録』は八月八日の「朝」としていた。ところが二〇一四年に公開された『昭和天皇実録』によって、当日このやり取りがおこなわれた実際の二人の面会時間は朝ではなく、「午後四時四〇分」であったことが特定されたのである。だとしても、ソ連参戦前の、しかも同じ八日のことであるから、天皇と東郷の面会時間が朝だろうが夕方だろうが大差ないように感じられるかもしれない。ところがこれは大問題なのである。というのも、実はこの日の昼に、日本の運命を左右しかねないきわめて重要な報告が政府のもとに届いていたからである。

実は八月七日から八日午前の時点で、東郷や米内海相らは、核攻撃を受けたとの報が入ったのちも、なお近衛公爵派遣に関するソ連の返事を待ち続けていた。東郷は七日になっても佐藤大使に（最後の）督促をしている。また米内は八日に高木提督に語ったように、「五日にスターリンがポツダムから帰ったから、電報に二、三日かかるし、今日明日何とか言って来るだろう」との認識であった。

そして八日正午、待ちに待った佐藤の電報がモスクワから東郷のもとに届いたのだ。モスクワ時間の八日午後五時（日本時間八日午後一一時）に、佐藤がモロトフ外相と会見できることになったという知らせであった。つまり、八日の天皇と東郷の面会が正午の佐藤からの入電の前だったか後だったかによって、そこでのやり取りの記録の解釈に重大なちがいが生じてくるのである。

『昭和天皇実録』が明らかにしたように、実際には二人の面会は佐藤からの入電「後」であった。二人の協議は当然、その日の深夜にモスクワで佐藤＝モロトフ会談がおこなわれることを前提にしていたはずである。いや、むしろそれこそが、天皇と東郷の面談目的であったと考えるのが自然であろう。長谷川は、この時天皇と東郷がポツダム宣言受諾を前提にアメリカ・イギリスと交渉するのを麻田は自明のこととしているがそのような解釈には問題があるとして、「このとき考えられた交渉相手はあくまでもソ連であった」と主張する。『昭和天皇実録』の公開前に発表した論文のなかでこの面会を「午後」と推測していた歴史家の鈴木多聞《たもん》は、「昭和天皇は東郷の上奏に対して対ソ交渉を急ぐよう指示し、東郷外相は内大臣と首相に最高戦争指導会議の開催を申し入れた」のではないかとする。

たしかに、当日深夜から翌日未明にも待ちに待ったソ連の返事が来るかもしれないというのに、ソ連仲介策を捨てるのにもう一日待てないということがあるだろうか。

それにしても、九日の最高戦争指導会議に関する関係者たちの記録は不可解なことだらけである。高木の覚書によれば、九日の同会議の議題について米内は八日に高木に、「明日〔九日〕は戦争指導会議に東印度独立のことをかけるというが、そんなこと（茶番？）はどうかと思う」と語っている。『終戦史録』の記載とちがって、少なくともこの日米内に予告されていた会議の議題は広島核攻撃ではなかった。だからといってこの重大局面で最高戦争指導会議がインドネシアの独立問題を真剣に討議するとは到底考えられない。

おそらく「東印度独立」は、八日の時点で会議の議題の機密性が高いか、少なくともはっきりしなかったための仮置きのものではなかったかと思われる。本当の議題は、このタイミングで最高戦争指導会議の議題となるような重大事であり、なおかつ機密性が高いか中身がはっきりしないものということになる。そのような議題は一つしか考えられない。ソ連の返事である。

以上を整理すると、九日の最高戦争指導会議は初めから広島核攻撃を受けて用意された場ではなかった可能性が指摘できる。天皇と東郷でさえ、八日の時点でソ連仲介策を捨ててポツダム宣言受諾をアメリカに対してただちに申し入れる決心があったとは言い切れない。引き続きソ連仲介策を前提としつつ、連合国が核を持った以上、いちじるしく不利な条件であっても甘受する、といった態度だったのではないか。

そうすると八日の最高戦争指導会議は都合がつかない者がいたので延期されたという『終戦史録』にある話は、そもそも史実かどうか怪しくなってくる。実は一九九七年に刊行された『終戦史録』の再版では、「その日は構成員中に都合つかぬものがあり」の記述が削除されている。『終戦史録』は基本史料だが、降伏要因を分析するうえできわめて重要な局面についての記述は鵜呑《うの》みにできないのである。

それが正しいとしてさらに踏み込むと、なぜ『終戦史録』はこの部分で史実と異なることを書いたのかという疑問がわく。単純ミスかもしれないが、ただ日本の戦争終結関係文書は降伏の際に多くが焼却されたため、『終戦史録』は関係者たちの証言にも多くを負っていることに注意が必要である。そのなかには、日本の指導層はソ連参戦前から（広島への核使用によって）戦争終結に向かって動き出したと強調したいという心理が働いた人たちもいたかもしれない。それはつまり、降伏要因との関連でソ連参戦に注目が集まると困る人たちであろう。言い換えれば、ソ連仲介策の推進者たちである。

いずれにせよ、当時の日本の指導者は核使用とソ連参戦という絡まり合った運命の糸のうち、ソ連仲介策の破綻を意味する後者により影響された可能性が高いといえるのではないだろうか。

一条件派 vs. 四条件派

話を戻すと、日本時間八月八日午後一一時、ソ連の返事を聞きに来た佐藤に対しモロトフは対日宣戦を布告した。そして日本時間九日午前〇時ごろ、ソ連軍が満州に雪崩を打って侵攻してきた。これが日本が待ちに待った、ソ連からの回答であった。

九日午前四時、ソ連参戦の第一報がモスクワ放送を通じて東京の外務省に飛び込んできた。その後の指導者たちの動きはすばやかった。東郷は鈴木総理と米内を相次いで訪れ、「急速戦争終結を断行するの必要」を説いた。午前九時五五分、天皇は木戸内府に、「ソ連邦と交戦状態突入につき、速やかに戦局の収拾を研究・決定する必要があると思うため、首相と十

分に懇談するよう」命じた。木戸から天皇の意向を伝え聞いた鈴木総理は、迫水書記官長に

「ポツダム宣言を受諾する方式によって戦争を終結する決心をしたから、必要な段取りをつけるように」指示した。

午前一〇時三〇分、前日の天皇と東郷の期待をおそらく裏切るテーマを議題として、最高戦争指導会議が開催された。ここで重要なのは、米内がポツダム宣言受諾の「四条件」に言及したことである。すなわち、「天皇の国法上の地位存続」「保障占領の拒否」「在外軍隊の自主的撤兵及び内地における武装解除」「戦争責任者の自国における処理」である。

四条件への言及が米内の戦略であったのか思いつきであったのかは定かでない（結局米内は国体護持「一条件」の立場をとる）。しかしこれにより論点はポツダム宣言の受諾か否かではなく、受諾を前提とした条件闘争に大きくシフトした。六月二二日の御前会議で一撃和平をとらない選択肢が示されたので、ソ連仲介策が破綻したからといって今さら一撃和平路線に戻ることが困難になったのと同様、八月九日の最高戦争指導会議でポツダム宣言受諾の条件を議論したため、もはや受諾拒否路線には戻れなくなった。四条件付帯とポツダム宣言受諾拒否のちがいは微妙な差であるが、その差によって、戦争終結への道筋が開けたのだ。

結局この会議では、四条件では連合国との交渉が決裂するので国体護持の一条件にとどめるべきとする東郷、米内と、それに反対する四条件派の阿南陸相、梅津参謀総長、豊田軍令

部総長のあいだで意見が分かれた。阿南は、最後の勝算は立たないがまだ一戦は交えられると主張したが、東郷は、たとえ水際作戦で一度勝ったとしても、戦力が疲弊したところに第二波が上陸してくるだろう、そうすれば日本の立場は今よりさらに弱くなると反論した。第一次世界大戦末期のドイツにおける、帝国宰相マックス・フォン・バーデンとエーリヒ・ルーデンドルフ将軍とのあいだの論争の再現であった。

この会議中、午前一一時過ぎに二発目の核が長崎に使用されたとの報が入ったが、審議に影響した様子はなかったとされる。

午後の臨時閣議では、一条件でのポツダム宣言即時受諾を主張する東郷を米内が引き続き支持した。このままでは「国内情勢の憂慮すべき事態」、すなわち指導層に対する民衆の敵意、ひいては革命による戦争終結になりかねないと恐れたからであった。二七年前に、実際にドイツで起こった事態であった。

一方、陸軍には不穏な空気が漂っていた。陸軍内では最高戦争指導会議開催前に、ソ連参戦にもかかわらず、ソ連との戦争終結を図り、アメリカとの戦争を継続するという（ナチス・ドイツがアメリカ・イギリスとの単独講和を模索したのとは逆の）夢物語が立案されていた。参謀次長の河辺虎四郎《かわべとらしろう》将軍には、戦争継続のために「直ちに政府更迭　軍部で引受る」との構想もあった。ポツダム宣言の受諾は、陸軍のクーデターを引き起こす可能性があった。

天皇の決断

この間の午後四時四三分から木戸は天皇に会い、国体護持のみを条件としたポツダム宣言受諾を、天皇自身の裁断によって決定するというシナリオについて天皇の了承を得た。そして日付が変わった一〇日午前〇時三分に、最高戦争指導会議構成員に加え枢密院議長の平沼騏一郎《きいちろう》男爵も同席して、運命の御前会議が開催された。

御前会議では、東郷による「天皇の国家統治の大権を変更するの要求を包含し居らざることの了解の下に」ポツダム宣言を受諾するとの提案に対し、鈴木、米内が賛成、阿南、梅津、豊田が反対と賛否が分かれた。そして最高戦争指導会議として結論を出すことができなかったことを受け、午前二時過ぎ、異例にも天皇自らが、一条件でのポツダム宣言受諾の決断を下した。

国家の重大事を天皇自身の判断で決するというのは、本来大日本帝国憲法が想定していない事態である。実は一〇日未明の御前会議は、迫水が会議開催に必要な参謀総長と軍令部総長の署名を事前に得たうえで両総長に無断で開催手続きをとり、なおかつ結論を出す場ではないとして軍部をあざむいたから開きえたのであった。一条件によるポツダム宣言受諾とは、天皇および天皇を擁する一条件派が主導したきわめてアクロバティックな政治決定であった。

同時に、天皇の判断なしに意思決定ができないという、国家的危機におけるガバナンスの欠如を露呈するものである。

一方、歴史家の西島有厚《ありあつ》が述べているように「和平派には、天皇聖断方式という奥の手があったとすれば、主戦派のほうにも陸相辞職という奥の手」があった。阿南が辞任して陸軍が後任を出さなければ鈴木内閣は倒れることになるが、これこそ軍部がこれまで日本政治を支配してきた常套《じょうとう》手段であった。しかし陸軍はいったん天皇の決定に服した。

御前会議で天皇は、「〔軍は〕今迄計画と実行とが一致しない」との軍に対する厳しい言葉を口にしていた。天皇の発言に衝撃を受けた梅津は、会議のあと河辺に対し「軍に対する〔天皇の〕御信頼が全く失われたのだ」ともらしている。軍は天皇から、不信任を突きつけられたのだ。軍部は、たとえ天皇の言葉であっても、核が使われたゆえに降伏するのだと言われれば反論できる。ソ連参戦のゆえと言われても反論できよう。しかし、軍部が信用できないから降伏すると天皇から言われてしまえば、おしまいなのである。

戦後木戸は、「軍部首脳も、我々は精神力や作戦で負けたのでなく、科学で負けたんだと言うことになれば、降伏の面子も多少は立つようになるであろう」と述べ、日本軍部は科学、すなわち核使用によって面子が守られたため降伏を受け入れたかのように語っている。しかし、八月一〇日の御前会議で天皇は、これまで軍部はよくやってくれた、また本土決戦で必ずや戦果を挙げてくれると確信していた、しかし原爆の有無という科学力の差はいかんともしがたい、ゆえにやむなく降伏するのであると言ったのだろうか。事実はその反対であった。天皇は最後の局面で、軍を非難したのである。

国体護持のゆくえ

天皇の決断は続く午前三時からの閣議で正式決定され、午前九時、外務省は連合国側に一条件によるポツダム宣言受諾を申し入れた。

アメリカ時間の八月一〇日早朝、日本側の申し入れがワシントンに到着した。これを受けて大統領の下で開かれた会議では、もともと天皇制存置に同情的であったスティムソン陸軍長官、フォレスタル海軍長官、レーヒ元帥は日本側の申し入れを受け入れるよう主張した。

しかし、バーンズ国務長官は頑迷であった。「無条件降伏という要求から一歩後退せねばならないわけがどうしてものみこめない」と前置きしてから、バーンズは言った。「あの要求は原爆投下およびソ連の参戦に先だってすでに日本に提示されたものだ。もしなんらかの条件が容認されるというのなら、その条件を持ち出すのは日本側ではなくて米国側であるべきだ」。またトルーマンは、アメリカの見解に対して他の連合国から同意が得られることを期待した。

結局バーンズは日本側からの一条件の照会にイエスともノーとも言わず、ポツダム宣言の条項を繰り返し、「降伏の時より、天皇および日本国政府の国家統治の権限は〔中略〕連合国最高司令官の制限の下におかれる（subject to）ものとす」とする回答文を起草し、トルーマンの承認を得て、イギリス、重慶、ソ連の同意を取りつけたのち、アメリカ時間八月一一日に日本に宛てて発出した。なお、長谷川は、「アメリカはソ連参戦に先んじて日本を降伏させるために急いで核を使用した」と主張するが、もしそうだとしたら、ソ連軍の侵攻範囲が拡大するなかでソ連の時間稼ぎに利用される危険を冒して、アメリカはここでバーンズ回答に対するソ連の同意など取りつけようとするか疑問が残る。

日本時間八月一二日午前〇時四五分、日本外務省はサンフランシスコ放送で「バーンズ回答」を傍受した。これを受けた同日の閣僚懇談会と一三日の最高戦争指導会議はまたもや行き詰まった。しかしもし日本が八月一二日以降に再照会していれば、アメリカはバーンズ「再」回答文ではなく、「三発目の核」をもって回答としていたかもしれない。

天皇と木戸が最後の行動に出たのは、翌一四日であった。この日午前七時にアメリカ軍機が日本上空からバーンズ回答の翻訳文を宣伝ビラとして散布した。天皇はビラを読んだ軍部隊によるクーデターの発生を恐れて、急ぎ決定を下すべく、異例にも天皇自身の召集による御前会議の開催を決め、全閣僚に宮中への参集を命じた。

いかなる条件を付したにせよ、既に八月一〇日にいったんポツダム宣言受諾の方向に踏み出した以上、今さら本土戦には戻れない。午前一一時二分から同五五分のあいだに宮中防空壕内の一室で開かれた御前会議で、バーンズ回答通りのポツダム宣言受諾という天皇の最後の決定が下された。鈴木多聞が指摘するように、天皇やその周辺は、本土戦よりもバーンズ回答受諾の方がまだ、国体護持の可能性が高いと判断した。これに対し阿南は、戦争終結の詔書への署名拒否、単独辞職とそれによる鈴木内閣の倒閣という最後の手段を、憲法上はとろうと思えばとれるのに、とらなかった。

午後九時二〇分、天皇は内閣が作成した戦争終結の詔書に署名し、午後一一時、日本の降伏が外務省からアメリカ政府に緊急打電された。そして翌一五日早暁、阿南は切腹し、正午の放送で天皇がポツダム宣言受諾を国民に公表した。

日本のポツダム宣言受諾後も、ソ連軍はなお進撃を続け、南樺太、千島列島、北方領土にも侵攻し、戦闘を停止したのは九月二日の戦艦「ミズーリ」艦上での降伏文書調印式後の同月五日であった。その後も日本軍捕虜約五七万人がシベリアに抑留され、その間に一〇万人以上が死亡した。本土への引き揚げのなかで死亡した民間在留邦人は一八万人以上に上る。

結局、日本が固執した国体護持のゆくえは、降伏の時点ではあいまいなままであり、「終戦の詔書」のなかで天皇が、「朕は茲に国体を護持し得て」と一方的に言い放つにとどまった。戦後における天皇制の在り方に関する最終的な決着は、戦場から会議室へと持ち越されることになる（一九四六年一一月三日、象徴天皇制を定めた日本国憲法公布）。

その後、連合国と日本のあいだでサンフランシスコ講和条約が署名されるのは、連合国による日本占領を経た、一九五一年九月八日のことである。そして同日に署名された日米安全保障条約によって、戦後日米同盟が成立することになる。

*

アジア太平洋における第二次世界大戦終結のケースでは、「紛争原因の根本的解決」の極として、天皇制廃止をともなう日本の国体変革が、「妥協的和平」の極としては、軍部の影響力保持を含む日本の戦前体制の温存が、それぞれ想定される。実際に選択されたのは、条件を付しつつも、日本に全土占領などを強いた「紛争原因の根本的解決」の極に近い戦争終結形態であった。

「将来の危険」を除去するためには、日本の戦前体制の温存は論外であった。一方、日本本土上陸をおこなった場合のアメリカ軍の「現在の犠牲」も無視できるものではなかった。

序章で見たように、優勢勢力側の「将来の危険」と「現在の犠牲」が拮抗すると、劣勢勢力側にとって相手側に付け入る隙が生じる。そして「紛争原因の根本的解決と妥協的和平のジレンマ」をめぐる均衡点を少しでも後者の側に移動させるため、相手側が抱く「将来の危険」を低減させるか、相手側の「現在の犠牲」を増大させるというインセンティブが働く（実際には日本は後者の一撃和平を追求）。優勢勢力側は、劣勢勢力側の反応を見きわめてから、均衡点を選択することになる（ポツダム宣言の発出）。一方、核およびソ連参戦の確約を得ると、日本にそれ以上の譲歩をおこなおうとするアメリカ側のインセンティブは低下した。太平洋戦争終結は、実際にこのような交戦勢力間での戦略的相互作用が生じ、結果的に大きな悲劇をもたらしたケースであった。

ポツダム宣言による無条件降伏政策の修正は、連合国にとっての日本の「将来の危険」と自分たちの「現在の犠牲」のバランスを考慮した柔軟な対応であった。また、日本本土戦も回避された。

それでも、アメリカによる核使用とソ連参戦という破滅的な結末を避けられなかった。こうした結末は日本がポツダム宣言を即時受諾していれば避けることができたものである。たしかに、ポツダム宣言に天皇制存置条項があれば日本は同宣言を即時受諾したとは断言できない。そもそもポツダム宣言に天皇制存置条項を置くことは難しかった。ただ、ポツダム宣言の内容のあいまいさゆえに、日本側はそこに交渉の余地を見出すことになってしまった。

アメリカはポツダム宣言にスターリンの署名を求めたり、正式な外交文書として発出したりすることで、日本がソ連仲介策という「幻想の外交」を捨て、同宣言をより受諾しやすくなるよう仕向けるべきであった。人道上の問題のみならず、核使用によっても日本が降伏しなかった場合は、アメリカはその瑕疵《かし》を自軍の犠牲であがなわなければならなかったはずである。太平洋戦争の終結過程で暴力の烈度を上げるに際して、アメリカの対応は慎重さを欠いたものであった。

一方、日本は、自分たちが守ろうとしている価値（国体護持）が犠牲に見合うものなのか（佐藤大使が主張したように膨大な犠牲を払って国体が護持できるのかを含め）、正しく認識するべきであったし、一撃和平はもとより、ソ連仲介策の非現実性に向き合うべきであった。ポツダム宣言を和平交渉の足がかりにしようなどと欲を出さず、「損切り」をおこなう勇気を持つべきであった。

太平洋戦争とそれに引き続く戦後の占領を通じ当初アメリカが何をおいても実現しようとしたのは、「非武装」かつ民主化を通じた「親米」日本であった。一方、もっとも避けるべきは、「武装・反米」日本の容認であり、アメリカはこの「武装・反米」日本という「将来の危険」を重視して、これとの「妥協的和平」ではなく、「紛争原因の根本的解決」の極に近い戦争終結形態を選択した。国際政治学者の永井陽之助は、「合衆国の盟邦日本の出現は、かならずしも冷戦の副産物ではなく、アメリカの戦時構想のなかに胚芽《はいが》をもち、すでに予定されたコースであったという解釈も成り立つ」と論じた。戦後日米同盟の成立は、米ソ冷戦が触媒になったとはいえ、こうした土壌のうえにあるという意味で戦争終結過程と連続的である。

第 4 章

朝鮮戦争

——「勝利にかわるもの」を求めて

休戦協定署名に先立って信任状を交換する国連側と共産側の代表団（AP/アフロ）

それはまさに「和解なき休戦」であった。休戦協定署名において国連側代表と共産側代表は、互いに握手もせず、顔も見合わさず、言葉すら交わすことはなかった。

一九五三年七月二七日、板門店《パンムンジョム》で朝鮮戦争の休戦協定が署名された。その後もアメリカを中心とする国連側・韓国側と北朝鮮側は、朝鮮半島中部を通る北緯三八度線付近の軍事境界線を境に対峙することになる。

したがって朝鮮戦争は今なお「休戦」状態にあるのであって、正式な戦争終結はなされていないが、本章では便宜上この休戦を朝鮮戦争の終結とみなすこととする。なお、二〇一八年四月二七日に北朝鮮の金正恩《キムジョンウン》朝鮮労働党委員長と韓国の文在寅《ムンジェイン》大統領が署名した「板門店宣言」では、休戦状態にある朝鮮戦争の「終戦」を同年内にも宣言するとされ、アメリカのトランプ大統領も同年六月一二日にシンガポールでおこなわれた史上初のアメリカ・北朝鮮首脳会談後の記者会見で「朝鮮戦争は間もなく終結する」と語ったが、未だ実現していない。朝鮮戦争の死者数は、国連側約一五万、韓国側約二四〇万で、共産側は中国側が約九〇〇万、北朝鮮側約二九〇万とされる。

前章までに見た諸戦争が「紛争原因の根本的解決」の極またはこれに近い戦争終結形態であったのに対し、朝鮮戦争は、「妥協的和平」の極に傾いた終結形態を迎えた。本来優勢勢力であるアメリカは、当初は「勝利にかわるものはない」として「紛争原因の根本的解決」

の極をめざしたが、戦局の推移により中国やソ連との全面戦争にエスカレートして「現在の犠牲」が多大なものとなることを恐れるようになった。しかも中国・北朝鮮との妥協が、アメリカ本土に直接脅威を及ぼすような深刻な「将来の危険」を残すものとは考えにくかった。

1　国連側の北進——めざすは鴨緑江

北朝鮮軍の韓国からの撃退

第二次世界大戦終結後、朝鮮は日本帝国から分離され、北緯三八度線を境に南部はアメリカ軍が、北部はソ連軍が占領した。南北に分かれた朝鮮は国連の監視の下での自由選挙を経て統一されることになっていたが、アメリカとソ連のあいだでの冷戦が激化し、国連選挙監視委員会の朝鮮北部への立ち入りをソ連軍司令官が認めなかったため、国連はアメリカの主導の下で南朝鮮のみでの単独総選挙を実施した。その結果、一九四八年八月一五日に、北緯三八度線以南に独立運動家であった李承晩《イスンマン》を大統領とする「大韓民国」が樹立された。一方、三八度線以北では、ソ連の後押しを受けて同年九月九日に抗日パルチザンの活動家であった金日成《キムイルソン》を首相とする「朝鮮民主主義人民共和国」が成立したが、依然として統一問題はくすぶり続けていた。

一九五〇年六月二五日、北朝鮮軍は三八度線を突破して韓国側に南進し、二八日には首都ソウルが陥落した。これに対し国連安全保障理事会は六月二五日に北朝鮮による攻撃を「平和の破壊」と認定する決議第八二号を採択し、また七月七日の決議第八四号にもとづいて韓国防衛のための国連軍（正確には多国籍軍）がアメリカなど加盟一六か国によって結成されて軍事介入した。しかし国連軍は九月までに朝鮮半島南端の釜山《プサン》周辺まで追いつめられた。九月一五日、第二次世界大戦に引き続き連合国軍最高司令官として日本の占領統治にあたるマッカーサー元帥が、国連軍司令官として仁川《インチョン》（ソウルの外港）上陸作戦を実施すると形勢が逆転し、二八日に国連軍はソウルを奪還した。戦局は、国連軍が北朝鮮軍を追う展開となった。

国連側の当初の戦争目的は、開戦前の状態の回復であった。安保理決議第八二号は、「敵対行為の即時停止」と「北朝鮮軍の三八度線への即時撤退」を要求していた。また六月三〇日にアメリカのウォーレン・オースティン国連大使は、国連安保理でアメリカの戦争目的について、「韓国を侵略以前の状態に戻すことだけ」との立場を明らかにしていた。

撃退から統一へ

しかし、国連軍が軍事行動をとることのできる範囲を三八度線以南に限定することで、国連軍側に軍事上様々な不都合が生じる可能性があった。「もし北朝鮮軍が早急に撃滅されず、聖域へ逃げ帰り、傷をいやすことを許したならば、第二の侵略が引き続いて起こることは明白であった」とアメリカ第八軍司令官のマシュー・リッジウェー将軍（のちのマッカーサー解任後に国連軍司令官）は述べている。そこでアメリカの国家安全保障会議（ＮＳＣ）は仁川上陸作戦に先立つ九月一日に「国家安全保障会議第八一号」（「ＮＳＣ－81」）を採択し、北朝鮮軍を壊滅させるために国連軍司令官が三八度線以北で軍事行動をとることを公認した。

さらに九月九日に「ＮＳＣ－81」は修正され、ソ連・中国との近接地域でも国連軍の作戦を展開可能とする「ＮＳＣ－81／１」が新たに採択された。「ＮＳＣ－81／１」採択の背景には、国連軍の北進に、北朝鮮軍を三八度線以北に撃退するための軍事的必要性を越える意味を与えようとする思惑があり、それはマッカーサーの意を体したものであった。そしてマッカーサーは、新たな安保理決議によらずとも、その時までに採択されていた諸決議が掲げる戦争目的のなかに「朝鮮の再統一」が含まれる、と解釈していた。

また当事国である韓国の大統領李承晩は七月一九日付のアメリカのトルーマン大統領宛の書簡でこう述べている。「原状回復を試み、そして敵が再組織、再訓練、再武装する時間を得て喜んで再び攻撃してくるのを待つのは、まったく愚かしいことでしょう」。

「ＮＳＣ－81／１」採択によって、北朝鮮軍の三八度線以北への撃退をもって戦争を終結させる考えは否定され、事実上朝鮮の統一がアメリカの新たな戦争目的となった。そして九月二七日、トルーマンは北朝鮮軍を粉砕するために国連軍司令官が三八度線以北において必要な軍事作戦を実施することを承認した。北朝鮮の「将来の危険」を重視する立場から、「紛争原因の根本的解決」の極が追求された。

一〇月一日、マッカーサーは朝鮮人民軍最高司令官でもある金日成に対し無条件降伏を勧告したが、北朝鮮側は黙殺した。そこで一〇月九日、国連軍は三八度線を突破して北朝鮮側への北進を開始した。めざすのは朝鮮と中国の国境、鴨緑江《おうりょくこう》であった。この時点で戦争終結を図らなかったのが失敗であったことは、ただちに明らかになる。

2 共産側の南進――「まったく新しい戦争」

中国参戦

国連軍の北進からわずか一〇日後の一〇月一九日、国連側の予想に反して中国が人民義勇軍の名目で北朝鮮側に立って参戦した。国連軍が朝鮮統一を実現してしまえば、中国にとっての「将来の危険」を高めることになるからである。

中国の参戦により、国連側は中国との全面戦争や世界大戦のリスクを負ってまで韓国による朝鮮の統一をめざすのか、あるいはそうした目的を放棄するかの選択を迫られることになった。一一月一五日に北京《ペキン》の外交筋からトルーマン大統領の下に、もし国連軍が満州を爆撃するならソ連空軍は反撃を加えるとの見通しを示す極秘情報が伝わる。するとトルーマンは一一月一七日に、中国の領土を尊重するとの声明を発表した。そうかと思えばトルーマンは一一月三〇日の記者会見で、朝鮮で核兵器を含むあらゆる武器の使用を考慮中だと語り、国連軍に参加しているイギリス政府を狼狽《ろうばい》させた。

一方、事態のエスカレーションを覚悟する者もいた。マッカーサー元帥である。マッカーサーは一一月二八日に発した統合参謀本部に宛てた電信のなかで「われわれはまったく新しい戦争に直面している」と述べた。そして一二月三〇日に陸軍省に対して、中国沿岸部の封鎖や海軍の砲撃と空軍の爆撃によって、中国の戦争遂行のための産業力を破壊するよう主張した。マッカーサーが求めたのは、「将来何世代にもわたって中共〔北京政府〕がアジアの平和を脅かすようなおそれをなくしてしまう」ことであった。除去すべき「将来の危険」の対象に北朝鮮のみならず、中国も含めようというのである。

しかし、一二月四日にワシントンでトルーマンとイギリスのクレメント・アトリー首相とのあいだで開かれた首脳会談において既に、エスカレーションよりも韓国による朝鮮の統一をあきらめて休戦するという方針が固まっていた。国連側はここで「現在の犠牲」の問題に直面していた。

ただしアメリカ側はイギリスとは異なり、韓国による朝鮮の統一はあきらめるとしても、休戦の結果として中国の国連加盟と台湾（中国共産党との内戦に敗れ大陸から逃れた国民党政府が統治）からのアメリカ軍の撤退を受け入れるぐらいであれば戦争を継続するべきだと考えていた。当時国連の議席は国民党政府が有しており、アメリカは台湾への防衛コミットメント（公約）を提供し、開戦直後の六月二七日に台湾海峡に第七艦隊を派遣していた。

中国のもくろみ

これに対し中国の戦争目的は、国連軍を三八度線以南に撃退することにとどまらず、北朝鮮による朝鮮の統一も視野に入れたものであった。中国版の「紛争原因の根本的解決」の極（アメリカ本国まで攻めて打倒する意味ではない）である。

参戦翌日の一〇月二〇日、中国人民義勇軍司令官の彭徳懐《ほうとくかい》は北朝鮮で金日成と朴憲永《パクホニョン》副首相に会い、戦争の見通しについて、「国連軍を除去し、共産側の主導の下に朝鮮問題を合理的に解決する」「国連軍を除去することはできないが、共産軍はそれなりに基盤を確保することで戦況を膠着させる」「国連軍を除去することも、共産軍なりの基盤を確保することもできないまま、中国に帰るようになる」という三つの可能性を提示した。そのうえで、

「将来の危険」を絶つことを意味する国連軍除去・共産側主導下での朝鮮問題の合理的解決のために最善を尽くすと述べた。

この時強大なアメリカ軍を相手に戦う決意をした中国共産党主席毛沢東《もうたくとう》は、のちの一九五七年一一月にボリシェヴィキ革命四〇周年祝賀のためモスクワを訪れた際、東側諸国の指導者たちを前にこう述べた。「原子爆弾やミサイルを恐れるべきではない。どんな種類の戦争——通常兵器であれ熱核兵器であれ——が起きようとも、我々が勝利する。中国に関しては、帝国主義者が戦争をしかけたら三億人以上の人民が失われるだろう。それがどうしたというのだ。戦争は戦争だ。年月が経ち、前よりも多くの赤ん坊が生まれるだろう」。

外交史家の沈志華《しんしか》と夏亜峰《かあほう》が最近の研究で紹介している中国側資料によると、勢いに乗る毛沢東は一二月三日に北京で周恩来《しゅうおんらい》国務院総理とともに金日成と会い、国連軍を三八度線以南に撃退したのちにさらに南進してソウルを再占領し、アメリカ軍を朝鮮から撤退させる展望を語った。

一二月五日、インドのベネガル・ラウ国連大使は中国の伍修権《ごしゅうけん》・台湾問題国連安保理代表（安保理は一一月八日にイギリスの提案にもとづいて中国が討議に参加することを承認していた）に共産軍の進撃を三八度線で停止することを要請したが、中国は聞き入れなかった。次いで一二月一五日、国連総会が設置した「三人委員会」（休戦の基礎を見きわめ、総会に勧告をおこならためインド、カナダ、イランの代表から構成）は周恩来にメッセージを送り、国連側に停戦のための討議に応じる用意がある旨を通告したが、周は二二日に三人委員会の通告を拒絶した。そのうえで、「国連における唯一の中国代表として北京政府を承認する」こと、「アメリカは台湾の防衛から手を引く」こと、「全外国軍隊はただちに朝鮮から撤退する」ことを条件として突きつけてきた。

この直後の一二月二五日に共産軍は三八度線を突破して韓国側に南進し、翌一九五一年一月四日にはソウルを再占領した。

毛沢東の強硬な態度は、ソ連の支持を勝ちえていた。ソ連にとって朝鮮戦争の継続はアメリカの立場を損なうものであり好ましいことであった。一月九日にソ連の中国駐在軍事総顧問マトヴェイ・ザハロフ元帥は中国軍総参謀長代理の聶栄臻《じょうえいしん》にこう言った。戦勝したのに追撃せず、勝利の成果を拡大しない軍隊は世界のどこにあるか。さもなければ敵軍に息を抜く機会を与え、戦機を失う過ちを犯すことになる。

一方、共産軍が優勢とはいえ国連軍の主力が敗れたわけではないことを知る彭徳懐は、戦争以前の原状回復で満足しなければならないと力説したが、毛沢東の考えを変えさせることはできなかった。毛沢東は一月二八日に彭徳懐に打電し、四月二一日まで続く第四次攻勢の開始を命令した。しかし、国連軍が北朝鮮軍を三八度線以北に撃退した時点で戦争終結を図らなかったのが失敗であったのと同様、北朝鮮による朝鮮の統一という中国のもくろみもほどなく挫折する。

3　休戦会談――「勝利にかわるもの」

マッカーサー解任

共産軍の第四次攻勢に先立つ一九五一年一月二五日、国連軍が反攻を開始した。国連側の反撃に直面した毛沢東は、三月一日にスターリンに宛てた電報のなかで、それまでの威勢のよさとは打って変わって戦争が長引くかもしれないことを初めて認めた。国連軍は三月一四日にソウルを再び奪い返し、四月五日には三八度線を越えた。

一方国連側は劣勢を挽回したとはいえ、再び鴨緑江をめざして北進するつもりはなく、トルーマン政権は休戦交渉の検討に入った。国務省は国防総省・統合参謀本部と協議しつつ、共産側に休戦交渉を呼びかける大統領声明案の起草作業を進めた。

このさなかの三月二四日、核使用を含む中国との全面戦争を覚悟のうえで戦争継続を主張するマッカーサー元帥は、次のような声明を発した。「国連が戦争を朝鮮だけに押える寛大な行動から出て、軍事作戦をその海岸地域あるいは大陸基地にまで及ぼす決心をすれば、中共は軍事上の壊滅を来たす恐れがあるのみである」。第一次世界大戦でジョン・パーシング将軍はウィルソン大統領の意向に反してベルリン進軍を主張した。マッカーサーは、核を手にしたパーシングであった。

共産側を挑発したマッカーサー声明のおかげで、休戦交渉に向けたワシントンの取り組みはだいなしになった。「勝利にかわるものはなにもない」と、マッカーサーは声明発表に先立つ三月二〇日に、ジョセフ・マーティン共和党下院議員に宛てた書簡で述べていた。「それはまた、朝鮮についての二派の長い間の対立、すなわち『完全勝利』を主張する人人《ママ》と、彼等に劣らず誠意と愛国心をもってわれわれの戦力を増強し、われわれの同盟国を助ける時間的余裕を与える休戦を主張する人々との対立であった」とリッジウェー将軍は述べている。大統領に公然と刃向かった軍司令官マッカーサーは、トルーマンによって四月一一日に解任された。「紛争原因の根本的解決」の主唱者は舞台から退場した。

マッカーサー解任後の五月一五日、統合参謀本部議長オマール・ブラッドレー元帥は上院外交委員会で、「この（朝鮮統一のために戦う）という《ママ》戦略は、われわれを間違った場所で、間違った時に、しかも間違った敵を相手として、間違った戦争に巻き込むことになる」と訴えた。

そして五月一七日、国家安全保障会議は「NSC-48/5」を採択した。同文書は、「朝鮮での中国共産軍の介入は、情勢を一変させ、統一された非共産主義の朝鮮を政治的手段で創出することは今や軍事的に不可能になった」との認識を示し、「適切な休戦協定の下での敵対行為の終結」という方針を打ち出した。そのうえで、「朝鮮における敵対行為の拡大がソ連との全面戦争に発展することや、中国との朝鮮を越えた敵対行為に発展するのを避ける」として、「ソ連が『義勇軍』を投入し、国連軍の安全を脅かした場合はただちに撤退を検討」し、「ソ連が全面戦争に踏み切った場合は国連軍を朝鮮から速やかに撤退させる」と明記した。

中国の転換

アメリカが韓国による朝鮮の統一をあきらめたように、中国も四月二二日から開始した国連軍に対する第五次攻勢が失敗に終わったことで、北朝鮮による朝鮮統一を断念することとなった。五月下旬、毛沢東は中国共産党中央会議を主宰し、「交渉しながら戦い、交渉を通じて問題の解決を求める」方針を決定した。

六月二日、毛沢東は金日成を北京に呼び出し、休戦会談を真剣に検討する時が来たと告げた。これに対し金日成は、「中国・北朝鮮軍は戦局において優勢であり、交渉はさらなる敵の壊滅がなされるまで待つべきだ」と主張した。だが毛沢東は「交渉が朝鮮からの外国軍の段階的撤退と朝鮮問題の解決を条件として含むのであれば、中国・北朝鮮側が交渉のテーブルにつかない理由はない」と述べて、ジュニア・パートナー（格下の同盟国）である金日成の反対を抑え込んだ。スターリンも六月一三日に、毛沢東に宛てた電信で中国の方針転換を認めた。

毛沢東は休戦条件について国連側に譲歩することもやむをえないと考えた。六月一三日に中国の高崗《こうこう》副主席と金日成に宛てた電報のなかで毛沢東は、「ソ連政府から敵に休戦を照会してもらうか、敵が休戦問題を提起したときに同意する」とし、中国と北朝鮮が達成すべき目標を「三八度線での境界線の回復」であるとした。そして、「中国の国連加盟問題を条件として提起するのは不可能である」こと、また、アメリカとの駆け引きのために台湾問題を提起すべきだが、「もしアメリカが台湾問題を切り離して解決することに強く固執するなら譲歩する」ことを伝えた。ここで中国が「紛争原因の根本的解決」の看板を下ろさなければ、国連側はさらなる「現在の犠牲」を払うか、いっそうの譲歩を迫られたであろう。

休戦交渉に向けた動きはニューヨークで始まった。六月一日と五日、国務省参事官のジョージ・ケナンはニューヨークにソ連のヤコフ・マリク国連大使（前駐日大使）を訪ね、ソ連側に対し休戦に関する非公式な打診をおこなった。マリクは六月二三日に国連放送を通じて休戦会談を提案する。マリクの提案を受けて、トルーマンは六月二五日におこなった演説のなかでアメリカが休戦交渉に参加する用意があることを明らかにした。

休戦会談始まる

休戦会談は七月一〇日から三八度線に近い開城《ケソン》で開始された。ただしアメリカは、交渉は軍事的休戦のみを話し合う場であり、朝鮮問題の政治的解決を図る場ではないとした。なお休戦会談は八月二二日のアメリカ軍機による開城襲撃を理由とした共産側からの申し立てによりいったん中断したのち、一〇月二五日から場所を開城近くの板門店に移して再開された。

一方李承晩大統領は、七月四日に「三八度線付近に止まったまま停線《ママ》することは、絶対に受諾し得ない」との声明を発表したが、この問題をめぐる中国と北朝鮮の関係と同じく、アメリカは韓国の主張を抑え込んだ。

実際に休戦会談が始まると、国連側と共産側の主な対立点として明らかになったのは、朝鮮からの外国軍の撤退、国連側と共産側の軍事境界線の設定、飛行場の再建、中立国による休戦監視のための「中立国監視委員会」の構成、捕虜交換の方式に関する問題であった。

七月一九日、休戦会談で共産側代表の朝鮮人民軍総参謀長の南日《ナムイル》将軍は外国軍撤退問題を取り上げ、「朝鮮における外国軍の存在は、朝鮮戦争の主な原因であり、戦争が長引いている原因ともなっている。この主要因の除去が朝鮮での戦争再発防止を保障しうる」と主張した。これに対する国連側の立場は、同日のディーン・アチソン国務長官の声明に示されている。ここでアチソンは、「真の平和が樹立されるまでは、国連軍は朝鮮に留る。……最終解決がつく前に撤退すれば、共産側は再び韓国を侵略するであろう、という疑念を晴らし得ないからだ」と主張していた。

この問題について毛沢東は早々に譲歩を決断した。七月二〇日、毛沢東はスターリンに、外国軍撤退問題を軍事行動停止への必要条件としては提起しないという考えを電信で伝えた。これを拒否すれば「依然としてわれわれは危機という代償を払うことになる」と毛沢東は述べている。スターリンも同意し、外国軍撤退問題は七月二七日に国連側と共産側が合意した交渉議題からは除外され、翌一九五二年二月一九日に後述の政治会談へ先送りすることで一致した。

次いで軍事境界線設定問題について、この時既に三八度線以北に進出していた国連軍側は、国連・共産両軍の「接触線」と「軍事的現実」を基礎として境界線が決められるべきであると主張した。これに対し共産側は、軍事境界線は三八度線とすべきだとしていた。アメリカは共産側が三八度線に固執するのは、国連側が防御しにくい三八度線を押しつけることによって再侵略をもくろんでいるためかもしれないと警戒していた。結局一一月二七日に接触線を軍事境界線とすることで合意がなされた。

飛行場再建問題は、外国軍撤退問題、軍事境界線設定問題と並んで、コミットメント問題の発露であった。国連側は、休戦後の軍用飛行場の建設や改築、修理を制限することを提議したが、共産側は反対していた。結局翌一九五二年五月二日に国連側が飛行場再建問題は討議しないとしたことで、妥結することになる。

飛行場再建問題の妥結は、中立国監視委員会の構成問題とセットでなされた。同委員会の構成については、国連側がノルウェー、スウェーデン、スイスを推薦したのに対し、共産側はポーランドとチェコスロバキアに加えてソ連の参加を求めたため国連側からの反発を招いていた。結局国連側がノルウェーを除外し、共産側もソ連の参加を取り下げたことで合意が成立した。

そして朝鮮問題の平和的解決については、飛行場再建問題と中立国監視委員会の構成問題の妥結に先立つ二月一九日、休戦から三か月以内に開かれる「高位政治会談」にゆだねるとされた。なお高位政治会談は休戦後の一九五四年四月にジュネーブで開催されたが、成果のないまま六月に終了した。

こうして一九五二年春までに、戦争終結の障害となるような問題のほとんどは解決されていた。

4 朝鮮休戦協定の締結──捕虜問題の迷走の果てに

捕虜を引き渡してはならぬ

それにもかかわらず戦争終結がさらに一年以上先になるのは、一九五一年一二月一一日から討議が開始された捕虜交換方式問題をめぐって、休戦会談が迷走したためであった。当時、国連軍は約一〇万四〇〇〇人の共産軍捕虜を、共産軍は約一万五〇〇〇人の国連軍捕虜を抑留していた。戦争捕虜の待遇に関するジュネーブ第三条約は、「捕虜は、実際の敵対行為が終了した後遅滞なく解放し、且つ、送還しなければならない」としている。ところが、国連軍が抑留している共産軍捕虜のなかに、共産側に帰還するのを拒否する捕虜が約五万人もいたのである。帰還すれば、どんな目にあわされることになるか分からなかったからである。

これに対し一二月一二日の休戦会談で共産側は国連側に、捕虜全体の強制送還方式を正式に提案した。しかし一九五二年一月二日、国連側は任意送還方式を提案する。その後五月二日の会談で共産側が改めて強制送還方式を主張すると、七日にトルーマン大統領は共産側への帰還を拒否する捕虜たちのことを念頭に、「人間を殺戮やあるいは奴隷化に追い込んでまで休戦を購《あがな》う気はない」との公式声明を発した。「トルーマンは第二次世界大戦でも朝鮮戦争でも、自分の政治的要求を、妥協を交渉するために引き下げることを拒絶した。かつては無条件降伏であり、今回は自発的帰還である」と軍事史家のマイケル・パールマンは指摘する。

捕虜問題をめぐる対立が深まると、国連側・共産側両者ともお互いに再び態度を硬化させていった。しかも五月一二日にリッジウェー将軍の後任として休戦交渉に責任を負う国連軍司令官となったマーク・クラーク将軍はマッカーサーばりの主戦論者で、ロバート・マーフィー駐日大使によると「直ちに朝鮮を統一するための追撃を再開する」ことを望んでいた。クラークは、「勝利には膨大な損失がともなう」ことを理解しつつも、朝鮮で勝利を得るためにこうむる損失は、「もしわれわれが朝鮮で軍事的に勝利することに失敗し、共産主義者が自分たちの条件で戦う準備ができるまで待った結果としてわれわれがこうむることになる損害よりもずっと少ないであろう」と確信していた。

毛沢東も七月一五日にスターリン宛の電信で、捕虜問題に関する国連側の提案を拒絶することで交渉が決裂し戦争が拡大するのであれば、中国もまたそれに備えると伝え（スターリンは翌日の返電で毛の見解を支持）、同日の金日成宛の電信では国連側の提案を受け入れることで「敵にいっそう野心を抱かせる」ことになるとの懸念を示した。

一方、アメリカ側でも九月一五日のトルーマンとロバート・ラヴェット国防長官らとの協議において、「我々の側のいかなる弱さの兆候も、限りなく交渉しようとするいかなる証拠も、単に共産側にアメリカはさらに譲歩すると確信させ、休戦合意の可能性をさらに引き下げるだけ」という意見が提起された。そしてトルーマンは「可能な限り、現在の行動を継続し、軍事的圧力を強める以外に、休戦の現実の見通しはない」との考えを示した。

国務・国防両省は九月一七日の協議で、共産側から建設的な提案を引き出す手段として、休戦会談を一方的に無期限休会とすることで一致し、実際に一〇月八日以降は休会となった。国連側も共産側も、戦争目的の本質を見失っていた。

核の脅しか、スターリンの死か

手詰まりが続くなか、一九五三年に入ると国連側と共産側それぞれに変化が生じ、そのことに目が向けられる傾向にある。

一九五三年一月二〇日にトルーマンに代わって大統領に就任した第二次世界大戦の英雄アイゼンハワーは、前任者よりも力による脅しを重視した。五月二〇日、アイゼンハワーは国家安全保障会議で、休戦会談が決裂した場合、「朝鮮域外に戦争を拡大し、原爆を使用することが必要になるだろう」との考えを示した。これに先立つ四月二日に、国家安全保障会議の企画委員会は同会議に「NSC－147」と題した報告書を提出し、選択肢として、中国領への戦線拡大や核使用を提案していた。

ただし「NSC－147」に対しては、U・アレクシス・ジョンソン国務次官補代理が四月六日にジョン・フォスター・ダレス国務長官に宛てて、「グローバルな戦争のリスクが増大する」と警告した。また五月一八日に国家安全保障会議の小委員会は、一九五三年半ばにソ連がアメリカを攻撃することを選んだ場合には、約九〇〇万人のアメリカの民間人が被害に遭い、その半数が死亡すると試算していた。

しかしダレスは、「トルーマン前政権が求めた交渉による解決は、休戦を恒久化し、朝鮮における政治的解決に結びつかない」と考えていた。五月二一日にニューデリーを訪問したダレスはインドのネール首相に対し、「もし休戦交渉が決裂すれば、アメリカはおそらく軍事力の行使を弱めるよりかは強め、紛争地域を拡大するだろう」と述べて、核使用を示唆し、アメリカ側の考えを中国側に伝えるよう要請した。ダレスのメッセージが北京に到達したかどうかについては研究者のあいだで見解が分かれるが、少なくとも到達したという証拠はない。

アイゼンハワーは、（後述するように）共産側が最終的に捕虜問題で譲歩し休戦に応じることになったのは、核の脅しが効いたからだと回想している。しかしこの説明には無理がある。

というのも、国際政治学者のローズマリー・フットが指摘するように、共産側が休戦に向けて動き始めるのは、以下で見る通りアイゼンハワー政権が（仮に中国側に伝わっていたとしても）核の脅しをおこなうよりもかなり前だからである。

一方、外交史家のジョン・ギャディスやキャサリン・ウェザーズビーは、中国による譲歩の決断の要因をスターリンの死に求めている。実際この年の三月五日にスターリンが病死すると、それからわずか二週間後の一九日、ソ連閣僚会議は北京と平壌《ピョンヤン》に向けて、朝鮮戦争について全面的に見直しをおこなった結果「継続することは正しくない」と結論づけたとする声明を発出した。そして同じ声明のなかで、二月二二日にクラーク将軍がおこなった傷病捕虜の交換という呼びかけに対し「中国と北朝鮮が前向きに応える」こと、「中国の権威ある代表者（望むらくは周恩来同志）が声明を発し、すべての捕虜問題を解決して朝鮮での停戦と休戦協定の締結を保証する」ことを求めた。

スターリンの葬儀に参列するためモスクワを訪れた周恩来は、三月二一日にニキータ・フルシチョフ共産党書記局筆頭書記らソ連の新指導部と協議し、その結果両者は「敵との合理的な妥協を基礎に戦争を終結させる」ことで合意した。帰国した周恩来から報告を受けた毛沢東は、三月二六日、捕虜問題での譲歩を決断し、二七日にこの決断を金日成に打電した。

中国は、ソ連の新指導部が戦争終結に向けた明確な方針を打ち出したことによって、戦争継続に不可欠なソ連からの支援をあてにできなくなった。なお北朝鮮も、戦争による飢餓に苦しみ、既に一九五二年一月ごろにはもはや戦争終結を望むようになっていた。

しかしながら以上のことは、朝鮮戦争終結の最大の要因がスターリンの死であったことを必ずしも意味しない。外交史家の陳兼《ちんけん》は、それはむしろ北京の既存の政策の帰結であったとの見方をしている。また歴史家のドミトリー・ヴォルコゴーノフや和田春樹《はるき》は、そもそもスターリン自身が生前から戦争終結を望んでいたと指摘する。たしかに強大な権力を持ったソ連の独裁者の死は、捕虜問題を前進させるきっかけにはなったであろう。しかし、スターリンの死にこだわりすぎると、朝鮮戦争終結の全体像を見失うおそれがある。

緊張の持続

三月二八日、共産側は国連側に休戦会談の再開を提案し、国連側による傷病捕虜交換の呼びかけを原則的に受諾する旨の回答をおこなった。三月三〇日、周恩来は演説で帰還を希望しない共産軍捕虜を「中立国に移送する」という提案をおこない、ソ連と北朝鮮がそれぞれ提案への支持を表明した。四月一一日、国連側と共産側のあいだで傷病捕虜交換協定が成立し、二六日には休戦会談本会合も再開する。そして六月八日、国連側が提示した最終案にもとづく捕虜送還協定が成立した。

ただ、一九五二年五月にトルーマンが強制送還方式を拒否してから休戦協定が成立するまでの間、共産軍側は約二五万人の兵力を失ったが、これはアメリカが「殺戮やあるいは奴隷化」から救おうとした、帰還を拒否する共産軍捕虜の約五倍に上る数であり、同じ期間の国連軍側死傷者も約一二万五〇〇〇人に上った。この事実は、捕虜問題がこじれて以降の戦争の正当性を傷つけている。

一方、当事者の金日成が休戦を望んだのに対して、もう片方の当事者である李承晩大統領は戦争継続を主張し、演説で自らの立場を「かつて一九四〇年にチャーチルが単独でもヒトラーと戦う決意をした」歴史になぞらえた。そして休戦は「苦しみと破壊を減じるのではなく、これらを増すさらなる戦争の序曲」であると警告した。共産側の「将来の危険」と自分たちの「現在の犠牲」のバランスについて、アメリカと李承晩のあいだで評価が異なった。

六月一八日、李承晩は捕虜送還協定がだいなしになることをねらって、共産軍の反共捕虜約二万五〇〇〇人を一方的に釈放するという常軌を逸した策に打って出た。結果的には大勢をくつがえすにはいたらなかったものの、李承晩の休戦妨害に業を煮やしたアメリカは、万が一の場合は李を逮捕してその後継者から休戦への協力を引き出すか、あるいは最悪の場合は国連がソウルに軍政府を樹立するとする「エバーレディ計画」を立案していた。アメリカにとって金日成はヒトラーとはちがったし、李承晩がチャーチルであるはずはなかった。

七月一一日に李承晩が最終的に休戦に同意したのは、韓国軍の損害が拡大した（韓国を休戦に同意させるため共産軍がねらい撃ちにした）ことに加え、アメリカから代償が提示されたことによる。この日ソウルを訪問中のウォルター・ロバートソン国務次官補は李承晩に、「米韓相互安全保障条約の交渉に入る」こと、「アメリカは韓国に対する長期にわたる経済援助をおこなう」こと、「休戦協定成立後に開催される政治会議が、朝鮮の政治的統一について九〇日間何の具体的成果も生まない場合には、アメリカは同会議から脱退する」こと、「韓国軍を増強する」ことを約束した。

七月二七日、板門店で国連側代表のアメリカ第八軍司令官ウィリアム・ハリソン将軍と共産側代表の南日将軍が「朝鮮戦争休戦協定」に署名した。ただし「和解なき休戦」に似つかわしく、彭徳懐と金日成が板門店での休戦協定文書交換式への出席を拒んだため、その後改めてクラークが軍事境界線近くの汶山《ムンサン》で、彭が開城で、金が平壌で、それぞれ休戦協定に署名することとなった。なお韓国は休戦協定に署名していない。

その後アメリカ軍は引き続き韓国に駐留し、同年一〇月一日、米韓相互防衛条約が署名された（米韓同盟）。一方の共産側では中国軍が一九五八年一〇月までに朝鮮から段階的に撤退したものの、中国と北朝鮮のあいだで一九六一年七月一一日に、その五日前にはソ連と北朝鮮のあいだでも友好協力相互援助条約による軍事同盟が結ばれた（後者は冷戦終結後の一九九六年九月に失効）。こうして冷戦構造の下、朝鮮半島では北緯三八度線付近の軍事境界線を隔てて、アメリカが支援する韓国と、ソ連・中国が庇護《ひご》する北朝鮮が対峙するという構図が確立することになった。

＊

アメリカにとって、本章のケースにおける「紛争原因の根本的解決」の極は、北朝鮮の打倒と韓国による朝鮮統一であり、これは実際に国連軍介入後にマッカーサーが望み、マッカーサー解任後も同盟相手である韓国の李承晩が求めたことである。一方、「妥協的和平」の極（交戦相手の要求の丸呑み）としては、中国が要求したような中国の国連加盟や台湾からのアメリカ軍の撤退の容認、あるいは金日成が当初ねらい、中国参戦後に毛沢東が求めたような、韓国の崩壊と北朝鮮による朝鮮統一が想定された。

結局アメリカは、韓国による朝鮮統一をあきらめ、「勝利にかわるもの」、すなわち休戦を求めたという点で、「妥協的和平」の極に傾いた決着を選んだ。アメリカは本来は優勢であるにもかかわらず、中国やソ連との全面対決に発展することで生じる「現在の犠牲」を恐れて、核使用を含むエスカレーションをためらった。

一方、たとえ朝鮮半島北部が共産化しても、それが日本のような東アジアにおけるアメリカの重要同盟国にただちに波及するおそれがあるとか、アメリカ本土が共産側の脅威に直接さらされるとは考えられなかった。つまり「将来の危険」を低く見積もることができた。

これに対し共産側も、北朝鮮による朝鮮統一や中国の国連加盟、台湾からのアメリカ軍の撤退といった目標を取り下げることになる。

また、国連や中国の介入のような構造的なパワー・バランスの変化は、それぞれ相手側にとっての「将来の危険」を高めることになり、早期戦争終結にはつながらなかった。

朝鮮戦争の終結をめぐっては、捕虜問題の存在によって議論が複雑化している。これまでの研究では朝鮮戦争終結の要因として、核の脅しか、スターリンの死かで論争が続いてきた。しかし、捕虜問題（しかも共産側の）は朝鮮戦争の本来の性格とは異なる問題であり、逆にいえばいくら捕虜問題が決着を見ようと（アメリカが核で脅そうとスターリンが死のうと）、朝鮮戦争が優勢勢力側にとっての「将来の危険」と「現在の犠牲」のバランスについて結論が出されないままに終結したとは考えにくい。

朝鮮休戦協定を結ぶことで結果的にのちの世代が緊張の持続を抱え込み、韓国、アメリカ、そして日本が北朝鮮の核の脅威にさらされ続けるべきだったのか、それとも朝鮮戦争当時の世代が「現在の犠牲」を払ってでも「紛争原因の根本的解決」を図るべきだったのかは、答えのない問いである。たとえば、もしトランプ政権が北朝鮮を攻撃し、北朝鮮も核で反撃することになっていれば、朝鮮戦争で「紛争原因の根本的解決」を図った方がましだったのではないかと思えるほどの犠牲を生じさせた可能性がある。ただ、結果的に朝鮮半島における平和が約七〇年にわたって緊張をはらみながらも一応はコントロールされているという意味では、朝鮮戦争の終結は一定の成功を収めた。

一方、一九五〇年に国連軍が中国参戦の可能性を見誤り、エスカレーションの覚悟のないまま戦争目的を拡大したのは失敗であったし、一九五二年春以降の、捕虜問題でこじれてからの戦争は不必要であった。

戦争目的の拡大や捕虜問題をめぐって朝鮮戦争が不必要に長引いたのには、共産側にも責任がある。ただし共産側が国連側に休戦協定を受け入れさせたのは、共産側が国連側に対して、ここで譲歩するか、それとも譲歩を拒否してさらなる犠牲を受け入れるかを迫ることができたからであった。

その後約七〇年にわたり、冷戦終結を経た今日ですら、一定のコントロール下にはありながらも、朝鮮半島は依然緊張状態にある。日本を含む北東アジアが武力衝突の「危険」にさらされ続けているのは、朝鮮戦争当時における「現在の犠牲」の回避の代償なのである。

第５章

ベトナム戦争
——終幕をひかえた離脱

パリ会談。群衆に手を挙げて応える北ベトナムのレ・ドク・ト労働党政治局員。右はキッシンジャー米国務長官（AP/アフロ）

ベトナムの地から外国軍隊が姿を消したのは、一八五八年の第二帝政期のフランス軍による侵略以来、実に一一五年ぶりのことであった。

一九七三年一月二七日にアメリカが北ベトナム（ベトナム民主共和国。以下ハノイ）と結んだベトナム戦争の和平協定であるパリ協定は、ハノイに対しアメリカと同盟関係にあるグエン・バン・チュー大統領を含む南ベトナム（ベトナム共和国。以下サイゴン）政府の政治的地位を認めさせた。しかし同時に、アメリカ軍が南ベトナムから一方的に撤退し、またハノイが支援する南ベトナム臨時革命政府（PRG）の政治的地位を承認することとなり、アメリカが求めるようなサイゴンの恒久的存続を必ずしも保証できるものとはならなかった。アメリカが戦死者数約六万の犠牲を払ってこの戦争から離脱したわずか二年後に、実際に北ベトナムが南進してサイゴンは陥落する。

なお、ここではパリ協定締結によるアメリカの離脱をベトナム戦争の終結ととらえる。ベトナムにおける当事者双方の最終的な死者数は、サイゴン側約一九〇万、ハノイ側約四二〇万であったとされる。

ベトナム戦争も、前章で見た朝鮮戦争と同様、「妥協的和平」の極に傾いた決着となった。本来優勢勢力であるアメリカは、やはりベトナムでも事態が中国やソ連との戦争にエスカレートして「現在の犠牲」が多大なものとなることを恐れた。一方、ハノイとの妥協が、アメリカ本土に直接脅威を及ぼす「将来の危険」を残すとまではいえなかった。最後にアメリカが求めたのは、アメリカ軍の撤退というかたちでの離脱と、サイゴンの崩壊という終幕のあいだに、「時間的間隔」を置くことであった。

1 アメリカの離脱へ——ベトナム戦争の「ベトナム化」

ジュネーブ協定の破綻

第二次世界大戦が終結すると、それまで日本帝国の事実上の支配下にあったベトナムでは、民族運動を率いるホー・チ・ミンを中心に独立の機運が高まった。日本が降伏文書に調印した一九四五年九月二日、ハノイでホー・チ・ミンが社会主義国家「ベトナム民主共和国」の独立を宣言した。これに対し、日本より前にベトナムを支配していたフランスがベトナムの再植民地化をもくろんだため、ベトナム民主共和国とフランスのあいだで第一次インドシナ戦争が起こった。フランスは一九四九年六月一四日に、サイゴンを首都とする傀儡国家「ベトナム国」をベトナム南部に樹立したが、一九五四年五月七日にフランス軍がディエンビエンフーの戦いに敗れたことで休戦を余儀なくされた。

同年七月二一日、ジュネーブ協定が結ばれて休戦が成立し、北緯一七度線を暫定軍事境界線としてベトナムは南北に分断され、フランスはベトナムから撤退した。フランスから肩代わりを求められたアメリカ（アイゼンハワー政権）は、南ベトナムを東南アジアにおける反共の砦と考えた。アメリカの支援の下で、一九五五年一〇月二六日に貴族出身のゴ・ディン・ジエムを大統領とする「ベトナム共和国」がベトナム国に代わって成立する。

ジュネーブ協定では、一九五六年七月二〇日に自由選挙を実施して南北ベトナムを統一するとされていたが、アメリカと南ベトナムの反対で結局選挙がおこなわれないでいると、一九五九年一月一三日に北ベトナムは南ベトナムの「武力解放」に乗り出した。一九六〇年一二月二〇日には南ベトナムに、サイゴンに対する反政府組織としてハノイの支援を受けた「南ベトナム解放民族戦線」（NLF、俗称「ベトコン」）が結成された。

一方アメリカは、ケネディ政権期の一九六一年四月二九日に南ベトナムへの軍事顧問団の増強を決定した。またジョンソン政権期の一九六四年八月二日のトンキン湾事件（北ベトナム人民軍の魚雷艇によるアメリカ軍駆逐艦への攻撃）に対して報復攻撃を実施する（同月五日）などして、アメリカ・サイゴンとハノイ・解放民族戦線のあいだで、なし崩し的に「第二次インドシナ戦争」としてのベトナム戦争が始まっていった。

アメリカはこの戦争を通じ、サイゴンの恒久的存続を確保しようとしていた。一九六三年一一月二日にゴ・ディン・ジエムが暗殺されたのち、一九六五年六月一四日に軍事クーデターで陸軍出身のグエン・バン・チューが政権を掌握して以降は、チュー体制を支えることになる。

ジョンソン政権のディーン・ラスク国務長官は同年七月一日に作成し大統領に提出した文書のなかで、「南ベトナム人が彼ら自身のために戦いに備え続ける限り、平和と世界中のアメリカの国益に災厄をもたらすことなしに、アメリカは彼らを見捨てることはできない」と述べている。そのような政治目的を実現するうえでもっとも手っ取り早いのは、「紛争原因の根本的解決」の極、つまりハノイの打倒であろう。ジョンソン大統領は、ベトナムでの和平は「安物の和平」「投げ売りの和平」「相手の言いなりの和平」であってはならないと考えていたと回想する。

しかしアメリカは、サイゴンの恒久的存続の確保のためにハノイの打倒までをめざすつもりはなかった。そのような軍事行動をとれば、中国・ソ連の介入を招くおそれがあったからである。ロバート・マクナマラ国防長官は一九六七年六月一二日にジョンソンに宛てた覚書のなかで、「ハノイの体制を打倒できるような行動をとれば、アメリカをソ連と中国との戦争に突入させることになる」との懸念を示していた。アメリカはそのような「現在の犠牲」

を払うつもりはなかった。

そこでジョンソン政権は、ハノイの打倒にいたらずとも、軍事的圧力を加えてハノイを屈服させようとした。一九六五年三月二日、アメリカ軍は北ベトナムに対する空爆（北爆）を開始した。なおこの間アメリカ軍は、朝鮮戦争の時のように中国が介入することをおそれ、爆撃目標を限定していた。

ジョンソン政権は北爆をカードに、ハノイによる南ベトナムへの浸透を停止させ、さらに北ベトナム軍を南ベトナムから撤退させて、戦後南ベトナムにとっての「将来の危険」を減じるような政治体制を確定しようとしていた。アメリカは一九六五年五月上旬にハノイに対して、北爆停止の見返りとして、ハノイと解放民族戦線が南ベトナムでの軍事行動を縮小するよう非公式に求めた。また一二月二九日、ラスクは記者会見でハノイに和平案を提示し、アメリカ軍は将来的に撤退するが、それはベトナムで満足な政治的解決が得られたのちであるとした。

一九六六年一〇月二四日には、アメリカ、南ベトナムなどの連合七か国首脳がマニラで会談し、「マニラ原則」を発表した。マニラ原則は、アメリカ軍撤退に先立って、ハノイによる南ベトナムへの浸透停止、北ベトナム軍の南ベトナムからの撤退を要求するものであった。アメリカ軍がベトナムを去るのは、戦後南ベトナムの政治体制が確定したあとであって、その逆であってはならなかった。

かつての朝鮮での休戦会談は、いたずらに長引き、その間に味方の犠牲が増え続けた、とジョンソン政権は考えていた。朝鮮での失敗を繰り返さないためには、和平交渉に入る前に、ハノイの軍事行動を縮小させておくことが先決であると考えられた。さもなければハノイが交渉を、戦争終結のためではなく、単に北爆を停止させたり、北爆停止期間中に南ベトナムへの浸透を強化したりするための手段として利用するおそれがあった。アメリカがベトナム戦争終結を考える際に引きずっていたのは、朝鮮戦争の影であった。

しかし、朝鮮で休戦会談に応じたのは、単なる戦術ミスではなく、相手の軍事行動を縮小できないという戦局の現実の反映であった。結局、同じことがベトナムでも繰り返される。

追いつめられての北爆停止

アメリカによる和平案の提示に先立つ一九六五年四月八日、北ベトナムのファン・バン・ドン首相は国会でハノイ側の和平案を提示していた。そこで提示された内容は、「アメリカ軍は南ベトナムから撤退する」こと、「アメリカと南ベトナムの軍事同盟は解消される」こと、「アメリカは北ベトナムに対する戦争行為を停止する」こと、南ベトナムの国内問題は、「南ベトナム解放民族戦線の綱領にしたがって」、南ベトナム人民自身によって解決されること、といったものであった。しかし、ここでの「南ベトナム解放民族戦線の綱領にしたがって」という文言について、解放民族戦線が結成時に策定した綱領には、「アメリカ帝国主義者の偽装した植民地政権と、アメリカのしもべであるゴ・ディン・ジエムの独裁権力を打倒」するとあったから、ジョンソン政権には受け入れられるものではなかった。

またハノイは、「アメリカによる北爆停止の見返りに、ハノイが南ベトナムでの軍事行動を縮小する」というアメリカ側が持ち出してきた取引も拒否した。そのような取引には何の保証もないだけでなく、ハノイが北爆に屈したことを意味し、また解放民族戦線を見捨てることになり、さらにはアメリカによる北爆とハノイによる南ベトナムでの軍事行動が等しく不当だと認めることになるという理由であった。

一九六八年一月三〇日、ハノイと解放民族戦線は南ベトナムへの大規模攻撃を実施した。「テト攻勢」として知られるこの攻撃はアメリカ側に衝撃を与え、ジョンソンは三月二二日に南ベトナム軍事援助司令部司令官のウィリアム・ウェストモーランド将軍を更迭し、三一日に北爆縮小と同年の大統領選挙への不出馬の表明に追い込まれた。

これを受けてハノイは四月三日に、北爆の無条件停止を確認するためにアメリカと予備交渉をおこなう用意があると発表し、五月一三日にアメリカとハノイの最初の公式会談がパリで開催された。そして一〇月三一日、ジョンソンは北爆の全面停止を宣言した。

本来軍事的に優位に立つはずのアメリカがハノイに追いつめられたのは、ハノイの損害受忍度の高さ（交戦相手よりもより大きな損害を受忍する覚悟がある）にあった。一九六六年一二月、ハノイのホー・チ・ミン国家主席は「アメリカ人が二〇年間戦いたいなら、われわれも二〇年間戦う」と述べた。ホー・チ・ミンは第一次インドシナ戦争開戦前夜の一九四六年にも、フランスに対し「君たちと私たちの戦死者比率は一：一〇になるだろうが、それでも負けるのは君たちで勝つのは私だ」と警告したことで知られる。

実際にベトナム戦争におけるハノイ側の戦死者数は、人口に占める割合としては第二次世界大戦における日本の被害の倍以上であった。ハノイにとってこの戦争は、いかなる対価を払ってでも手にすべき民族独立のための戦いであった。

「ベトナム化」に向かって

一九六九年一月二〇日、ニクソン政権が発足し、二五日にはそれまでアメリカとハノイのあいだでおこなわれていたパリ会談に、サイゴンと解放民族戦線が加わった。参加者の地位をめぐって争いがあったため、二者会談か四者会談か不明瞭な円形のテーブルが採用され、当事者の名札や旗は掲げられなかった。

もともとニクソン大統領は交渉に対しては懐疑的であった。ニクソンは、「朝鮮戦争を終わらせることができたのは国連側の共産側に対する核兵器使用の脅しが効いたからだ」と信じていた。前章で見たように、この主張を裏づける十分な根拠はない。ニクソンは「マッドマン・セオリー」、すなわちこちらが何をしでかすか分からないと相手に信じさせることによって、相手からの譲歩を得るという戦略をとり、同年九月から一〇月にかけて政府内で戦術核使用の検討を指示し、核搭載戦略爆撃機を北極圏付近へ出動させた。しかし、マッドマン・セオリーによる外交は信憑性が低く、失敗に終わる。

サイゴンの恒久的存続を確保しようとしていたのは、ニクソン政権もジョンソン政権と変わらない。ニクソンは大統領就任前の前年三月三一日におこなったラジオ演説で、ベトナムで速やかな戦争終結を実現するもっとも簡単な方法は「アメリカが降伏すること」であるが、「ベトナムの戦場を襲う敗北の静寂は、他のどこかで鳴る銃声によってだいなしになるだろう」と訴えていた。

またニクソンが自らの国家安全保障問題担当大統領補佐官に起用した国際政治学者のヘンリー・キッシンジャーは、『フォーリン・アフェアーズ』誌の一九六九年一月号に掲載した論文「ベトナム交渉」のなかで、「〔アメリカは〕アメリカが請け合った約束に対する信頼のために関与している。『信頼性』とか『威信』といった言葉を嘲笑する風潮があるが、それらは意味のない言葉ではない。アメリカが頼りになる国であってこそ、他国はアメリカと行動をともにすることができる」と論じている。サイゴンを「将来の危険」から守れず、見捨てること自体が、新たな「将来の危険」を生むことになると考えられた。

ただしニクソン政権は、これまでのようにサイゴン防衛に無条件にコミット（関与）しようとはしていなかった。サイゴンを強化したうえで、ベトナムにおけるアメリカのコミットメントを縮小し、政治的解決はベトナムの当事者の手にゆだねるとする、いわゆる「ベトナム化」を打ち出す。「ベトナム化」路線は、前出のキッシンジャー論文のなかでも示されており、三月二八日の国家安全保障会議で公式化されたのち、六月八日に北太平洋のミッドウェー島で開かれたアメリカ・南ベトナム首脳会談でサイゴンと共有された。なお同年七月二五日、ニクソンはグアムで、核以外の脅威に対する国家の防衛は当事国が第一義的責任を負うべきとした新たな対外政策指針「ニクソン・ドクトリン」を発表した。

ニクソン政権内では、国務省、国防総省の背広組、中央情報局（CIA）などを中心に、ベトナムにおいて実現可能な結果は「妥協的和平」のみであるとの認識がジョンソン政権以上に抱かれるようになっていた。

マニラ原則を放棄

五月一四日、ニクソンはテレビ演説で、アメリカ軍と北ベトナム軍の相互撤退を和平協定成立後一年以内に実現することを提唱した。これは「アメリカ軍撤退に先立ってハノイによる南ベトナムへの浸透停止と北ベトナム軍の撤退がなされるべき」とした、それまでのマニラ原則の考えを放棄するものであった。

続いて六月八日にニクソンは、ベトナム駐留アメリカ軍のうち二万五〇〇〇人を撤退させると発表し、相互撤退どころか、アメリカ軍の一方的撤退に道を開いた。パリ非公式会談でキッシンジャーがベトナム労働党のレ・ドク・ト政治局員に、「北ベトナム軍の撤退がなくとも、和平協定成立後にアメリカ軍は撤退する」として相互撤退の主張を明示的に取り下げるのは、一九七二年七月一九日のことである。

アメリカ軍の撤退は、ハノイへの交渉上のレバレッジ（てこ）を失わせ、南ベトナムの独立を脅かすリスクがあったが、ニクソンはそれよりもベトナム戦争の「現在の犠牲」をめぐるアメリカ国内の苦痛を和らげることを選んだ。一九六九年一〇月一五日にワシントンを中心にアメリカ各地で大規模なデモが起こるなど、ベトナム反戦運動は激しさを増していた。

「ハノイが受け入れることのできる条件で戦争を終結すれば、アメリカが実施している他の対外政策がすべて危険にさらされるのは必至であった。かといって、戦争を拡大し、決定的な軍事的結果を求めれば、アメリカ国内の結束が完全に危機に立つのも当然であった。そこでわれわれは、互いに対立する課題の谷間を縫って事を進めていった」とキッシンジャーは回想する。この回想は、アメリカがまさに「将来の危険」と「現在の犠牲」をめぐるシーソーゲームのなかで苦悩していたことを示している。

ただアメリカ軍の一部撤退はアメリカ国内の苦痛を和らげるよりも、むしろさらなる軍の撤退を求める声を高める効果を生むことになった。「国民には、戦争は終わるという希望を約束する一方で、ハノイには、かなりの危機を与え、アメリカの対外責務と国家的名誉の二つに適《かな》った解決を引き出そうということになった」とキッシンジャーは述べている。しかし本書でも繰り返し論じているように、「将来の危険」の除去と「現在の犠牲」の回避は基本的にトレードオフの関係にあり、これらを両立させる解決策を追求することは容易ではない。

チュー体制をめぐる攻防

政治的解決については、もともとアメリカは戦後南ベトナムの政治体制に解放民族戦線が参加することを認めていなかった。ジョンソン政権期のヒューバート・ハンフリー副大統領によれば、「鶏小屋に狐を入れる」のと同じであった。

これに対し一九六九年五月八日のパリ会談で、ハノイのスアン・トイ首席代表は、戦後南ベトナムにおける「暫定連合政府」の樹立を提案してきた。ハノイは、あいかわらずアメリカ軍の一方的撤退を要求しつつ、サイゴンの即時転覆についてはいったん取り下げ、要求を連合政府の樹立にシフトさせた。そしてニクソンは前述の五月一四日の演説において、戦後南ベトナムの政治体制に「すべての政治的要素」(解放民族戦線も含意)が参加する機会があることを認めた。

連合政府に関するハノイの構想は、一九七〇年二月二一日のパリ秘密会談でレ・ドク・トがこの時初対面のキッシンジャーに示している。それは、連合政府には「平和、独立、中立」の勢力が参加するが、誰が「平和、独立、中立」の勢力なのかはハノイが決めるというものであった。また連合政府の内閣において、共産派がその三分の一を占め、残りの三分の二の構成に対しても拒否権を持つこととされた。これに対しキッシンジャーは三月一六日のパリ秘密会談で、連合政府は事実上の選挙管理委員会とする考えを示したが、レ・ドク・トは受け入れなかった。なおパリ会談のハノイ側首席代表はスアン・トイだが、外務省のトイの立場は弱く、実権を握っていたのは党のレ・ドク・トの方であった。

四月三〇日にアメリカ・南ベトナム軍はカンボジア領内に展開する北ベトナム軍と解放民族戦線への攻撃のためにカンボジア侵攻を開始した。そののち九月一七日に「南ベトナム臨時革命政府」(解放民族戦線の政治部門として前年六月一〇日に樹立され、ハノイによってただちに承認された)のグエン・ティ・ビン外交部長は、パリ会談で連合政府の構成について改めて提案をおこなった。この提案では、連合政府は、臨時革命政府、中立派、そして「平和、独立、中立、民主主義を真に支持する」サイゴン政府の三派から構成されるとしていた。グエン・ティ・ビンの言う「平和、独立、中立、民主主義を真に支持する」サイゴン政府という表現は、グエン・バン・チューのほか、グエン・カオ・キ副大統領、チャン・ティエン・キエム首相ら当時のサイゴン首脳部の排除を意味していた。

一九七一年一〇月一一日、バーノン・ウォルターズ在フランス米大使館駐在武官はパリの北ベトナム代表部を訪れ、戦後南ベトナムで大統領選挙を実施することとし、グエン・バン・チューは選挙の一か月前に大統領を辞任するという提案を示した。しかし臨時革命政府はアメリカ側の提案を、グエン・バン・チューが立候補しないことも、チューが選挙結果を操作しないことも保証するものではないととらえており、ハノイは回答しなかった。ハノイと臨時革命政府は、グエン・バン・チューが辞任しないまま停戦することで、南ベトナムが「韓国化」するのではないかと恐れていた。朝鮮戦争の終結過程から学んでいたのは、アメリカだけではなかったのである。

2　ハノイの妥協——革命を守るための外交

サイゴンの存続はハノイの破滅

アメリカがハノイの打倒を求めないまでもサイゴンの恒久的存続を確保しようとしていたのに対し、ハノイはサイゴンの転覆という「紛争原因の根本的解決」の極（アメリカ本国に対する意味ではない）を追求していた。歴史家のピエール・アスリンが紹介しているベトナム側資料によると、これは一九五九年一月にベトナム労働党中央委員会が承認して以来のハノイの一貫した方針であり、ハノイは問題の解決を先送りするだけに終わったジュネーブ協定の失敗を繰り返すつもりはなかった。

ハノイは当初、アメリカの介入が本格化する前に、サイゴンに対して短期間で決定的な勝利を収め、ハノイ主導による独立した統一ベトナムを建設しようとしていた。北爆開始によりアメリカの介入が本格化したのちも、ハノイはアメリカに対し徹底抗戦を続けた。ハノイにとって、サイゴンの存続はハノイの破滅であり、ハノイの生存はサイゴンの転覆を意味していたと、ベトナム戦争研究者のジェーン・ホールは指摘する。実際に当時の北ベトナムのトラン・クアン・コ外務省アメリカ局長がのちに語ったところでは、ハノイでは、アメリカの戦争目的は「北ベトナムを破壊するか占領し、サイゴンに恒久的な植民地政権を樹立すること」であると考えられていた。

ハノイは一九六八年一月のテト攻勢によって、アメリカに敗北を認めさせ、サイゴン政府を崩壊に追い込み、一気に戦争終結に持ち込もうとしていた。一九六九年九月二日にホー・チ・ミンが死去したのちも、ハノイの路線に変更はなかった。キッシンジャーがいみじくも述べたように、ハノイが「四十年間戦ってきたのは、妥協するためではなかった」のだ。

ハノイの転換

しかし、一九七二年六月以降、ベトナム労働党政治局は方針転換を模索するようになった。第一に、ハノイは軍事的行き詰まりに直面していた。同年三月三〇日、北ベトナム軍は北緯一七度線を突破して「イースター攻勢」をしかけた。しかしこの攻勢は失敗に終わり、アメリカとサイゴンはハノイを軍事的に押し返した。またアメリカは五月一〇日に北爆を再開するとともに、北ベトナムに対する機雷封鎖を実施し、ハノイ側に甚大な被害を与えていた。六月の終わりから七月の初めにかけて、ベトナム労働党中央委員会は和平戦略への転換を決定し、六月終わりに大規模軍事行動の停止を命じるにいたった。

第二に、この年の一一月のアメリカ大統領選挙でニクソンが再選されれば、アメリカは強硬姿勢をとるおそれがあった。七月中旬までに、ハノイはニクソンの対抗馬の民主党候補で北ベトナムに宥和的なジョージ・マクガバン上院議員が当選する可能性に見切りをつけた。

第三に、中国とソ連がハノイに和平を求めていた。ニクソンとキッシンジャーは、アメリカの離脱を前提に、ベトナム戦争終結をアメリカ・ソ連・中国のあいだのグローバルな「戦略的三角形」の再構築と結びつけようとしていた。一九五〇年代後半からの中国とソ連の対立が、一九六九年三月二日の珍宝島《ちんぽう》／ダマンスキー島をめぐる武力衝突に発展してさらに深まるなか、ソ連はアメリカとの「デタント」（緊張緩和）を進めるために、ハノイに対しアメリカとの和平を求めるようになる。それはまた中国がハノイの勝利を通じて国際的な地位を向上させたり、逆に問題解決のためにアメリカと結託したりするのを阻《はば》むことにもなる。

一方、中国もやはりアメリカとの和解を進めるために、そして問題解決のためにアメリカとソ連が結託することを警戒し、さらにはニクソンがインドシナで核を使用するのではないかとおそれ、ハノイに対し和平に向けた圧力をかけた。

アメリカは一九七一年五月三一日以降、もはや南ベトナムからの北ベトナム軍の撤退を求めなかった。またグエン・バン・チュー大統領の選挙前の辞任にも同意していて、今和平を結んでも長期的にはハノイの側に利点があると考えられた。

労働党政治局での討議ののち、党第一書記レ・ズアンは、北ベトナム軍の各野戦指揮官に次のようなメッセージを発している。「抵抗運動において達成しなければならない目的は、〔中略〕アメリカ軍をインドシナから撤退させ、チュー体制と戦争へのアメリカの支援を止めさせ、南に満足できる政府を樹立することである。現時点では、これらの目的を達成するには、外交が必要である。今後解放軍にさらなる損害が出れば、抵抗運動、ひいては革命そのものが、危険にさらされることになる」。

一九七二年七月一九日、レ・ドク・トはパリ会談でキッシンジャーに対し、グエン・バン・チューさえ辞任すれば、サイゴン政府のチュー以外の閣僚は留任してもよいと示唆した。また八月一日には、「連合政府の非共産派閣僚の構成に対して共産派が拒否権を持つ」というこれまでの要求を取り下げ、九月一五日には連合政府の樹立後も既存のサイゴン政府と臨時革命政府は存続するとした。

さらにハノイ側は、アメリカが連合政府の性格を事実上の選挙管理委員会にとどめようとしていることに配慮して、九月二六、二七日の会談で「連合政府は全会一致を原則とする現両政府の諮問機関かつ現両政府間の調停機関」であり、「政策実施・外交政策の権限は持たない」ことを認めた。一〇月八日の会談では、レ・ドク・トは南ベトナムへの浸透停止に同意し、グエン・バン・チューの排除の要求は持ち出さなかった。

3　パリ協定の締結――「時間的間隔」の真意

和平は目前か

一〇月八日にレ・ドク・ト政治局員が提示した和平協定案および九日のキッシンジャーからの対案が吟味され、また九日にハノイが原案を中国とソ連に通報して同意を得たのち、一一日のパリ会談でアメリカとハノイは「十月合意」に達した。これにより、「ハノイによる将来の南ベトナムへの浸透は停止される」こと、「北ベトナム軍の南ベトナム残留は黙認されたまま、停戦後二か月以内にアメリカ軍が一方的に撤退する」こと、サイゴンのグエン・バン・チュー政権と臨時革命政府は維持され、総選挙を組織する「民族和解全国評議会」が設立されること、「アメリカ軍捕虜は同軍の撤退と同時に送還される」ことなどが合意された。合意は一〇月二六日に発表され、三〇日か三一日に調印するてはずとなっていた。

会談でキッシンジャーはレ・ドク・トに、「今度こそ永続的な平和を達成しなければならない」と語りかけた。しかし、十月合意が本当に「永続的な平和」につながるものなのかどうかについては依然として疑問が残った。この点についてキッシンジャーは、「遵守するかどうかについての疑惑のため、満足のゆく協定ができないというのなら、この戦争を交渉で終わらせることはできなかった。最後まで戦い抜くほかなかった」と述べている。そうであれば、「最後まで戦い抜く」つもりがない限り、アメリカが満足できるかたちでの「永続的な平和の達成」はやはり困難であった。

このタイミングで交渉者間での和平合意が成立したのは、「紛争原因の根本的解決と妥協的和平のジレンマ」のなかでの均衡点が定まりつつあるなかで、ハノイが、ニクソンが再選されるであろう一一月七日のアメリカ大統領選挙を期限と考えたことがきっかけとなった。またキッシンジャーも、翌一九七三年一月三日にアメリカ議会が再開されると議会からのアメリカ軍撤退圧力が強まり、ハノイの立場が有利になると考え、早期に合意に達することを望んだ。

しかし、ニクソンの考えは必ずしもキッシンジャーと同じではなかった。ニクソンは十月合意の内容に必ずしも満足していなかった。

まず十月合意では、アメリカはサイゴンに援助をおこなうことができなくなっていた。また南北ベトナム間に設定される非武装地帯についての規定があいまいであり、北のベトナム民主共和国が南のベトナム共和国とは分離した政治的実体であることが明示されていなかった。そうするとハノイの和平協定違反に対しアメリカが報復する場合の国際法的な根拠が薄弱となる。さらに、大統領選挙前の合意は、アメリカ国内で選挙目当ての打算ではないかとの批判にさらされるおそれがあった。一〇月一三日、ニクソンはパリにいる国家安全保障会議スタッフのウィンストン・ロードを通じて、スアン・トイ首席代表に十月合意の修正を求めた。

さらにニクソンは、十月合意に対するグエン・バン・チュー大統領の支持を取りつけることが不可欠であるとして、キッシンジャーをサイゴンに派遣した。ところがグエン・バン・チューは、北ベトナム軍の南ベトナム残留はもとより、民族和解全国評議会に関して十月合意に記載された「行政機構」という文言は認められないし、ベトナム共和国はベトナム民主共和国とは北緯一七度線を挟んだ別の国家であるとして、一〇月二二日にキッシンジャーに対し十月合意の受け入れ拒否を言明した。

これに先立つ八月一七日にもキッシンジャーはサイゴンでグエン・バン・チューと会っていた。その時の印象についてキッシンジャーは、「根底にある事実は、チューとその政府には、要するに交渉による和平に応ずる用意がないということだった。彼らは、少しばかりあいまいなアイデアをもっていたが、それは、ハノイの無条件降服を要求するに等しいものだった」と回想する。グエン・バン・チューはアメリカにとって、第二の李承晩になりつつあった。一方ハノイの側も、サイゴンに拘束されている政治犯の釈放を要求する臨時革命政府から突き上げられていた。

十月合意を既成事実化したいキッシンジャーは、一〇月二六日におこなわれた記者会見で「和平は目前に来た」との声明を発表した。しかしニクソンは一一月二日のテレビ演説で、「われわれは、大統領選挙の期限、あるいは他のいかなる期限があるからといって、恒久平和ではなく、一時的な停戦しかもたらさないような協定を受け入れるつもりはない」と明言した。

ニクソンが十月合意を無条件に受け入れないことを決定したのはキッシンジャーのサイゴン訪問より前であるから、合意を葬ったのはグエン・バン・チューというよりむしろニクソン自身であった。ここであらわになったのは、停戦と政治的解決のあいだに「穏当な間隔」が得られればそれでよいと考えたキッシンジャーと、あくまで「名誉ある和平」に固執するニクソンのちがいであった。

十月合意からパリ協定へ

アメリカの横紙破りにハノイは怒り心頭で、一一月二〇日からパリ会談は再開されたものの、ハノイは十月合意の修正には応じようとしなかった。しかし一二月一三日に会談が決裂すると、一八日からアメリカ軍は「クリスマス爆撃」を開始してハノイに対する最後の激烈な軍事的圧力を加えた。一二月二二日、ニクソンは軍事的圧力を背景にハノイに会談再開を要求し、二六日、ハノイは応じた。ハノイはアメリカ軍撤退後におこなうつもりでいた南ベトナム侵攻に向けた体力温存のために、爆撃によるこれ以上の被害を避ける必要があったし、中国とソ連もハノイにアメリカとの和平を求めていた。

クリスマス爆撃はハノイに対する圧力であったと同時に、アメリカは同盟国を見捨てないという、サイゴンに対するメッセージでもあった。加えて、ニクソン政権は近日再開される議会を恐れていないということを内外に示す意味もあった。

この間ニクソンはハノイとの和平をかたくなに拒むグエン・バン・チューに次第に手を焼くようになっていた。一一月一一日、グエン・バン・チューはサイゴンを訪問した国家安全保障問題担当大統領次席補佐官のアレキサンダー・ヘイグ将軍に、北ベトナム軍の撤退という今となっては耳を疑うような要求を提示した。ニクソンは一二月一九日にヘイグを通じてグエン・バン・チューに示した親書のなかで、「われわれの同盟関係の継続を望むか、それともアメリカの利益だけに適う敵との解決を私が追求するのを望むか、あなたは今決断しなければならない」と脅しを交えて説得した。

同時にニクソンは、年が明けた一九七三年一月五日にグエン・バン・チューに宛てた書簡で、「北ベトナムが和平条項に違背《いはい》するなら、われわれは全力をあげて反撃する」と約束した。アメリカによる硬軟おりまぜた説得を前に、一月二〇日、グエン・バン・チューはハノイとの和平に同意した。

パリ会談はグエン・バン・チューの和平への同意に先立つ一月八日に再開され、一三日に実質的に妥結し（一五日、アメリカ軍は攻撃を中止）、二二日にはチューの最後の要求（南ベトナムの文民警察に関する武装制限の適用除外）が取り入れられた。

そして一月二七日、パリでアメリカ、サイゴン、ハノイ、臨時革命政府のあいだで和平協定（「ベトナムにおける戦争の終結及び平和の回復に関する協定」）および四つの議定書（機雷除去、四者合同軍事委員会、国際管理監視委員会、捕虜釈放に関するもの）が調印された。パリ協定は、十月合意をベースとしつつ、アメリカによるサイゴンへの援助を認め、また民族和解全国評議会を表す「行政機構」の語句を削除していた。さらに非武装地帯については、北緯一七度線を暫定軍事境界線と位置づけたジュネーブ協定を尊重することとされた。

調印は四当事者と二当事者（アメリカ、ハノイ）の二回に分けておこなわれ、四者（アメリカのウィリアム・ロジャーズ国務長官、サイゴンのチャン・バン・ラム外相、ハノイのグエン・ズイ・チン外相、臨時革命政府のグエン・ティ・ビン外交部長）が調印した文書には署名以外に「ベトナム共和国政府」「臨時革命政府」の名は現れない（「ベトナムに関するパリ会議の参加当事者」あるいは単に「当事者」と記載）。また、アメリカとサイゴンの署名とハノイと臨時革命政府の署名は別のページでなされた。

ここで象徴的なエピソードがある。ハノイ代表団はアメリカ側が用意したパリ協定の署名のページにナンバリングがされていないことを発見した。単純ミスであったが、ハノイは、アメリカはあとで署名はパリ協定の一部ではないので合意は無効だと言い出すつもりなのではないかと疑った（ハノイ側から指摘を受けてアメリカ代表団はページ番号を書き入れた）。パリ協定は、決して和解の文書ではなかった。

さらばサイゴン

アメリカ軍はパリ協定にもとづいて三月二九日までにベトナムから撤退した。しかし、結局パリ協定によって実現したのは、アメリカ軍の一方的撤退とアメリカ軍捕虜の送還にすぎなかった。ハノイは、パリ協定締結後も南ベトナムへの浸透を止めようとはしなかったし、サイゴンも総選挙を実施しようとはしなかった。またパリ協定では、和平協定の「国際管理監視委員会」を設置するとされていたが、同委員会は全会一致の規定にしばられ、重要な機能を果たすことはついになかった。パリ協定はジュネーブ協定と同じく、南北ベトナムに横たわる課題を提起しはしたが、解決はしなかったのである。

キッシンジャーは回顧録のなかで、「われわれは離脱のための〝それ相応の時間〟を稼ぐためだけに戦争と焼けつくような交渉を行ない、四年もの苦悩を味わったわけではなかった。

サイゴンがいかなる政治闘争の中でも勝ち残ることのできるように成長を遂げ、安全と平和を達成するため、アメリカは全力を尽くす覚悟でいた。われわれが欲したのは、崩壊の前の息つぎではなく、名誉ある永続的な平和であった」と述べて事実をさりげなく修正している。実際には、キッシンジャーは一九七二年六月二一日に北京でおこなわれた周恩来国務院総理との会談のなかで、「私の論理の結論は、軍事的な結果と、政治的な結果のあいだに、時間的間隔（decent interval）を置くということである」と述べていたことが公開された外交文書で明らかになっている。軍事的な結果とは、アメリカ軍の撤退であり、政治的な結果とは、サイゴンを見捨てることにほかならない。

そしてハノイも決して、ハノイ主導のベトナム統一をあきらめたわけではなかった。「何年にもわたって、ニクソン政権は、ある立場から別の立場へ、相互撤退から一方的撤退へ、一部兵力の駐留から完全な撤退へと揺れ動いた。しかし、ハノイは決してぶれなかった。〔中略〕サイゴンの政治構造の転覆である」とキッシンジャーは記している。実際にベトナム労働党政治局は、一九七二年一〇月四日にパリのレ・ドク・トとスアン・トイにアメリカ大統領選挙前に和平合意に達するよう指示したなかで、「もしアメリカの南における軍事的関与を終結させることに成功すれば、後日われわれはサイゴンの傀儡との闘争で〔中略〕、より大きな勝利を得るであろう」という真意を明かしていた。

ニクソンが一九七四年八月八日にウォーターゲート事件（民主党本部盗聴事件をめぐる政権側の不正問題）で失脚したのち、アメリカではフォード政権期（国務長官はキッシンジャー）にあたる一九七五年三月一〇日、北ベトナム軍は南ベトナムに対する総攻撃、ホー・チ・ミン作戦を開始した。一度撤退したアメリカ軍は、ハノイの読み通り、ベトナムの地での戦争に二度と介入することはなかった。北ベトナム軍の猛攻にさらされるなか、四月二一日にグエン・バン・チューは政権の座を追われ、三〇日、サイゴンは陥落した。そして一九七六年七月一日、北ベトナムが南ベトナムを吸収するかたちで「ベトナム社会主義共和国」が成立する。

＊

アメリカから見た「紛争原因の根本的解決」の極として、同盟相手であるグエン・バン・チューが求めたハノイの打倒を、「妥協的和平」の極としてハノイがめざすサイゴン政府解体の容認を想定すると、本章のケースではアメリカにとって「妥協的和平」の極に傾いた結果となった。アメリカはハノイの打倒はおろか、アメリカ軍と北ベトナム軍の南ベトナムからの相互撤退すら達成できなかった。

アメリカの本来の軍事的優位は、ハノイの損害受忍度の高さによって相殺された。またアメリカはハノイの打倒につながるような軍事行動をとることで、中国やソ連との戦争にエスカレートして多大な「現在の犠牲」が生じることを恐れた。

一方、たとえインドシナが共産化しても、それが日本のような東アジアにおける重要同盟国にただちに波及するおそれがあったり、ハノイからアメリカ本土が直接攻撃を受けるといったような危険があったりしたわけではなかった。朝鮮戦争のケースと同様、この点については「将来の危険」を低く見積もることが可能であった。

ベトナム戦争の終結が一九七三年一月までかかったのは、アメリカが自軍の撤退とサイゴンの崩壊のあいだに「時間的間隔」を置くことに最後までこだわったからであった。しかし、「時間的間隔」（を通じたアメリカのコミットメントのささやかな信頼性）が犠牲と釣り合うものでないことを認識し、早期に泥沼から抜け出すべきであった。

対するハノイは、「紛争原因の根本的解決」の極、すなわちサイゴンの転覆を追求することを当面は断念した。とはいえハノイがアメリカにパリ協定を受け入れさせることができたのは、民族の独立という価値のために、損害を受忍することに耐えたからである。加えてハノイは、構造的なパワー・バランスを自国に有利なかたちで変化（中国とソ連との戦争へのエスカレーション）させることができるとアメリカ側に認識させるのにも成功した。

朝鮮には、韓国と北朝鮮のあいだの明確な軍事境界線、統治能力のある韓国政府、戦後も韓国に引き続き駐留するアメリカ軍が存在した。アメリカはベトナム戦争において、ことあるごとに朝鮮戦争の「失敗」を意識しながらも、結局その終結において朝鮮戦争と同等の結果すら手にすることはできなかった。それはその時点での「現在の犠牲」を避けた結果である。許されたのは、離脱と終幕のあいだに「時間的間隔」を置くことだけであった。

第6章

湾岸戦争・アフガニスタン戦争・イラク戦争
——共存から打倒へ

引き倒されるフセイン大統領像と、その様子を眺める米軍兵士（ロイター/アフロ）

多国籍軍はクウェートからイラク軍を撃退したが、イラクの独裁者には延命を許した。逆に、テロに対するアメリカの恐怖と怒りが、アフガニスタンでタリバン政権を、イラクでサダム・フセイン体制を打倒することになった。

一九九一年二月二八日、アメリカを中心とする多国籍軍は、クウェートに侵攻していたイラク軍を同国から撃退し、攻撃を停止した。その後三月三日にクウェートとの国境に近いイラクのサフワンで多国籍軍側とイラク側のあいだで湾岸戦争の停戦が合意され、結果的にフセイン体制は存続を許されることになる。湾岸戦争での死者数は、多国籍軍側で約四〇〇、イラク側で約二〇万～三〇万とされる。

それから約一〇年後の二〇〇一年一二月七日、アメリカを中心とする有志連合軍の攻撃を受けたアフガニスタンのタリバン政権は、首都カブールに続いて主要陣地も落とされ、事実上崩壊した。また、イラクでも、二〇〇三年四月九日にやはりアメリカを中心とする有志連合軍の攻撃によって首都バグダッドが陥落し、フセイン体制が崩壊した。アフガニスタン戦争における二〇〇一年の死者数は、有志連合側一二、タリバン側約三五〇〇（このほかに民間人約一三〇〇）、イラク戦争ではフセイン体制崩壊までに有志連合側一七二、イラク側一〇万以上とされる。

本章では、湾岸戦争についてはサフワンでの停戦合意をもって、またアフガニスタン戦争とイラク戦争については、対反乱作戦以前を対象に、タリバン政権およびフセイン体制の崩壊をもってそれぞれの戦争の終結とみなす。

湾岸戦争では、多国籍軍側は「現在の犠牲」の問題にきわめて敏感であり、逆にフセイン体制の「将来の危険」を軽視していた。そのためフセイン体制との結果としての共存という「妥協的和平」の極に傾いた戦争終結形態を迎えた。ところがアフガニスタン戦争とイラク戦争では、有志連合側にテロや大量破壊兵器をめぐる「将来の危険」が高いと認識された反面、特にイラクの場合は「衝撃と畏怖」概念にもとづく作戦計画によって「現在の犠牲」は低く見積もられ、交戦相手政府・体制の打倒という「紛争原因の根本的解決」の極へと転回することになる。

なおアフガニスタン戦争とイラク戦争は、きわめて短期のうちに終結し、軍事的結果も圧倒的なものであったため、劣勢勢力側の動向は最低限の記述にとどめる。

1　フセイン体制打倒の回避——戦争目的の限定

イラク軍のクウェートからの撃退

一九八九年一一月九日に東西冷戦の象徴であったベルリンの壁が崩壊し、また一二月三日に地中海のマルタで開かれたアメリカ・ソ連首脳会談で冷戦の終結が宣言された。しかし冷戦終結は、平和の到来を約束しなかった。

一九九〇年八月二日、イラク軍は石油政策や油田の領有権などをめぐって対立していた隣国クウェートに侵攻し、またたく間に全土を占領した（湾岸危機）。これに対して国連安全保障理事会は同日中に決議第六六〇号を採択して、イラクに対しクウェートからの即時・無条件撤退を要求した。さらに、イラクに軍事的圧力を加えるためアメリカを中心とする多国籍軍が結成された。一一月二九日、国連安保理は決議第六七八号を採択し、イラク軍のクウェートからの撤退期限を翌一九九一年一月一五日と定め、イラクが従わない場合の多国籍軍による武力行使を容認した。イラクは従わず、撤退期限が過ぎた一月一七日に多国籍軍は「砂漠の嵐」作戦を発動してイラクに対する空爆を開始した（湾岸戦争）。

イラクは一九七九年七月以来、一一年以上にわたってフセイン大統領の独裁体制下にあった。アメリカのブッシュ（父）大統領は湾岸危機勃発の翌八月三日に開催された国家安全保障会議で、できればフセインを権力の座から引きずり下ろしたいと述べた。しかしブッシュ政権はアメリカの手によるフセイン体制の打倒を早々にあきらめ、戦争目的をイラク軍のクウェートからの撃退に限定することになる。

その理由として第一に、フセイン体制の打倒をめぐる正統性の問題があった。湾岸危機勃発後の一連の安保理決議は、対イラク連合の目的をイラク軍のクウェートからの撃退に限定しており、フセイン体制の打倒はこのマンデート（委任された権限）を超えるものであった。

第二に、フセイン体制の打倒の効果に関して疑問があった。統合参謀本部議長のコリン・パウエル将軍は、「サダムが失脚すれば、きっとジェファソン主義者〔共和主義者〕が後継者となるだろうとか、砂漠の民主主義国家が建設されて、人民がコーランとともに連邦主義の論文を読むようになるだろうなどと考えるのは、甘いと言わざるをえない。結局は、名前のちがう別のサダムが登場するだけである」と述べている。たとえフセインが失脚しても、イラクは変わらないと考えられていた。

第三に、フセイン体制の打倒にともなうリスクは無視できなかった。フセイン体制の確実な打倒のためには多国籍軍がバグダッドまで進軍しなければならない可能性が高かったが、それにともない「現在の犠牲」が増大することになる。また、安保理決議のマンデートを超える軍事作戦をおこなうことで、対イラク連合が分裂するおそれがあった。多国籍軍を指揮するアメリカ中央軍司令官のノーマン・シュワルツコフ将軍は、その場合、同じアラブ国家を攻撃してイスラエルを利することになるのを懸念するアラブ諸国だけでなく、フランスも多国籍軍から脱落し、バグダッド攻略に参加するのはアメリカとイギリスだけになるだろうと考えていた。

さらに、フセイン体制崩壊後の多国籍軍によるイラクの占領と国家再建のコストを考慮しなければならなかった。フセイン体制、すなわちイスラム教スンニ派のバース党政権が倒れたのち、シーア派を含むいずれの政治勢力が、あるいはそれらの勢力のどのような組み合わせが新政権の受け皿になるのかも見通せなかった。

加えて、フセイン体制の崩壊はイラクに力の空白を生み出し、中東の安定とパワー・バランスを崩すおそれがあった。湾岸戦争開戦前にチャールズ・フリーマン駐サウジアラビア米大使はパウエルに宛てた電報で、「イランとシリアにたいする抑止力として機能しないほどにイラクを弱体化させることは、アメリカの国益にもかないません」と報告した。

第四に、多国籍軍がフセイン体制に直接手を下さなくても、同じような結果が得られると考えられた。軍事的敗北を喫すれば、フセインもおとなしくなるだろう。イラク軍に損害を与えてフセイン体制を軍事的に弱体化させれば、クーデターか革命が起こり、勝手に崩壊するだろう。開戦後の一月三一日にブッシュは日記に、「イラク国民がイラク軍と一緒になってフセインの始末をするはずだ」と記している。フセインの「将来の危険」は軽視された。

これらの理由を背景に、ブッシュ政権は開戦直前の一月一五日に「国家安全保障指令第五四号」(「NSD－54」)を策定する。このなかで戦争目的を、全イラク部隊のクウェートからの即時・完全・無条件撤退の達成、クウェート正統政府の復活、在留アメリカ市民の生命保護、ペルシャ湾岸の安全と安定の促進、と定めた。

ソ連の和平工作から地上戦へ

一方ブッシュ政権は、アメリカの手によるフセイン体制の打倒は求めなかったとはいえ、イラク軍のクウェートからの即時・無条件撤退という条件からは一切後退しようとしなかった。そして空爆開始後の地上戦回避のためにソ連が働きかけた和平工作にも応じることはなかった。ソ連はアメリカの一方的勝利を望まず、また中東での影響力確保に努めていた。

ソ連のゴルバチョフ大統領は開戦直後の一月一九日におこなわれたブッシュとの電話会談で空爆の一時停止を求めたが、ブッシュはそうした措置はフセインに「敵が自分の威力にひるんだ」と吹聴することを許すだけだとして拒絶した。ブッシュは、ベトナム戦争における北ベトナムへの爆撃の一時停止というジョンソン、ニクソン両大統領の決定が、平和にはつながらず、ハノイと南ベトナム解放民族戦線に再結集の機会を与えただけに終わったという教訓に留意していた。今回の多国籍軍側とイラク側の圧倒的なパワーの差は、この教訓を生かすのにもってこいであった。

二月一二日、ソ連政府がフセインを説得するためにエフゲニー・プリマコフ大統領補佐官を特使としてバグダッドに派遣すると、フセインはクウェート侵攻以来初めて「停戦」に言及した。しかし撤退には触れず、「侵略者〔多国籍軍〕を完全に撃退するまでは、いかなる犠牲があろうと、イラクは名誉と勇気ある方法で戦い抜く覚悟だ」と言い放った。ソ連の和平工作を受けて、二月一五日にイラクの最高意思決定機関である革命指導評議会は、「イスラエルによる占領地からの撤退」、「一か月以内の多国籍軍の中東・湾岸地域からの撤退」、「多国籍軍参加国側によるイラク再建」、「イラクの債務の帳消し」、「イラクに対する一連の安保理決議および経済制裁の破棄」といった条件付きでクウェートからの撤退を表明した。しかしこのなかではイラク軍の撤退期限は明示されておらず、同日にゴルバチョフからの親書を通じてイラク側提案に接したブッシュ政権はこれを一蹴した。

続いてソ連のセルゲイ・チェトベリコフ駐米代理大使は二月一八日にジェームズ・ベーカー国務長官へ電話を入れ、イラクはクウェートからの撤退の意思があることを宣言し「撤退を開始する具体的な期限を受け入れる」こと、「撤退は停戦の翌日に開始される」こと、「撤退は無条件である」こと、「多国籍軍は撤退中のイラク軍を攻撃しない」ことを内容とする和平案を提示した。しかしこの和平案に関してパウエルは、「クウェートに居座るイラク軍にノックアウトパンチをくらわせたいというのが、大統領の本心だった。TKO勝ちなど望んではいなかった」と回想している。というのも、「それではサダムの軍勢がなんら罰を受けることなく、無傷で撤収するのを許すことになる。それでは将来に禍根を残す」からであった。

ソ連の和平案に対し、ブッシュは二月二〇日にゴルバチョフに宛てた書簡のなかで、撤退は停戦の翌日に開始されるのではなく、「イラク軍の大規模な撤退が開始されるまでは停戦はありえない」こと、「撤退は四日以内に完了するものとする」ことというアメリカ側の条件を提示した。イラク軍がクウェートから四日以内に撤退するには補給物資や機材の大半を置き去りにせざるをえないから、この条件は実際にはアメリカが自らの手を汚すことなくイラク軍を武装解除できるという意味であった。

さらに二月二二日、ゴルバチョフは急遽モスクワに派遣されたイラクのタリク・アジズ外相との同日の会談を踏まえ、ブッシュに電話で新たな和平案を提示した。新たな和平案では、イラク軍のクウェートからの撤退完了期限は三週間とされたが、これに対しパウエルとシュワルツコフは一週間とすることで一致した。一方、ソ連の新たな和平案では、「前年八月二日の安保理決議第六六〇号に従ってイラク軍のクウェートからの撤退が完了した時点で、他の安保理決議はすべて白紙に戻される」との条件が付けられていた。しかしベーカーは、アメリカがこの条件を受け入れれば、「イラクはクウェート侵攻に対する制裁、賠償請求、その他の法的責任から完全に免じられることになる」ので認められないとの考えであった。

同日中にブッシュは、イラクがこれまで採択された安保理決議をすべて受け入れ、二月二三日正午（ワシントン時間）までにクウェートからの全面撤退を開始し、一週間以内に完了しなければ多国籍軍は地上戦に突入すると警告した。

イラク国防省軍事情報局長官ワヒフ・アル・サマライ将軍の証言によると、フセインはベトナムから撤退したアメリカをみくびり、フセインが勝つと語る予言者を連れ歩いていた。地上戦開始六日前（二月一八日）、フセインは部下たちに、アメリカは天文学的な負債を抱え、経済的にきわめて貧弱であり、長期にわたって戦争を継続できないと息巻いていた。

二月二三日にフセインはクウェートからの撤退に関するブッシュの要求を拒否し、これを受けて多国籍軍はワシントン時間同日午後八時（サウジアラビア・リヤド時間二四日午前四時）に地上戦に突入した。地上戦が始まると、多国籍軍の圧倒的な強さの前にイラク軍はたちまち総崩れとなり、二月二六日、フセインはただちにクウェートからの撤退を完了する旨の声明発表に追い込まれることとなる。

2 停戦の合意――「百時間戦争」の陥穽

朝鮮とベトナムの教訓

現地の情勢を受け、二月二七日にパウエル将軍は攻撃停止のタイミングについてブッシュ大統領に早急に進言するつもりでいた。ベトナム戦争に従軍し、その失敗から学んだパウエルの軍事力行使にあたっての指針は、「目標を明確にし、圧倒的な兵力を投入して短期間で勝利する」というものであり、「パウエル・ドクトリン」として知られている。パウエルはこの日の朝にリヤドの中央軍司令部にいるシュワルツコフ将軍から、あと一日あればイラクはもはや近隣諸国にとって軍事的脅威ではなくなるとの報告を受け、また地上戦開始から丸五日となる二月二八日夜に攻撃を停止し、この戦争を「五日間戦争」と名づけるというシュワルツコフの提案に同意した。

この日ホワイトハウスに向かう車中、パウエルの脳裏をよぎった言葉があった。「戦闘は、『理性にもとづく』思考によれば終戦とするべき時期のあとまでつづいてしまいがちである」。これは本書序章で紹介した安全保障専門家のフレッド・イクレが著した『紛争終結の理論』の一節である。

イクレと面識があったパウエルは（パウエルがレーガン政権期にキャスパー・ワインバーガー国防長官付軍事顧問を務めていた時、イクレは国防次官だった）この書を愛読し、ディック・チェイニー国防長官やブレント・スコウクロフト国家安全保障問題担当大統領補佐官らにも読むことを薦めた。のちにパウエルは自らの回顧録のなかで湾岸戦争の回想に一章をあて、そこにイクレの書名（原題は*Every War Must End*）と同じ章題をつけている。

午後、ホワイトハウスでブッシュと主要閣僚が会合を開いた。この席でパウエルはブッシュに対し、シュワルツコフとの打ち合わせ通り、クウェート解放という目的が達成されたので翌二八日中に攻撃停止を発令するよう意見具申した。するとブッシュはパウエルの予想に反し、「すでに使命ははたしたときみが言うのだから、いますぐ停戦したらどうか」と答えた。

実は二月二六日から二七日にかけての夜間、クウェートから撤退してイラク南部のバスラに逃れようとするイラク軍に対し、多国籍軍が幹線道路上で攻撃を加えたことが報じられ(現場は「死のハイウェイ」と呼ばれた)、世論のあいだで過剰な攻撃ではないかとの疑問が広がり始めていた。また大部分がバスラに逃走しているイラク軍を追撃すれば、民間人への被害が広がる懸念があり、フセイン体制に忠誠を誓うイラクの共和国防衛隊が頑強に抵抗することも予想された。さらに、その場合イラク軍が生物化学兵器を使用するおそれもあった。会議ではブッシュの発言に反対の声は上がらず、イラク軍が一部逃走することもやむをえないと考えられた。

ブッシュの意向についてパウエルから照会を受けたシュワルツコフは、「早期停戦は人命を助けてくれる」として賛意を示した。この会議が始まる直前のワシントン時間午後一時に、シュワルツコフはリヤドでの記者会見で「イラクにはもはや地域的脅威となる軍事力は残っていない」と述べていた。「もちろん、大統領とて、第二次世界大戦のときと同様に、全面降伏を引きだせれば、そのほうがよかったろう。〔中略〕とはいえ、われわれは〔国連から〕明確な権能付与を受けており、その使命を達成しつつあった。大統領は戦闘行為の停止を改めて確認した」とパウエルは述懐する。

攻撃停止ははじめ二月二七日午後九時（リヤド時間二八日午前五時）とすることが検討されたが、シュワルツコフが攻撃停止までにさらに日中の数時間を求めると、ジョン・スヌヌ大統領首席補佐官は、二八日午前〇時（ワシントン時間）に攻撃が停止されれば地上戦開始からちょうど「百時間戦争」になると発言した。ブッシュはスヌヌが思いついたキャッチフレーズに飛びついた。

一方、ダン・クエール副大統領や中央情報局は、イラク軍を完全に包囲するにはもう一日必要であり、攻撃停止は早すぎるとの考えであった。またホワイトハウスでの会議に同席したイギリスのダグラス・ハード外相も、地上戦は完全に終わっていないとしてアメリカ側に対し疑問を投げかけたが、決定は変わらなかった。ブッシュ政権は、「現在の犠牲」の問題に非常に敏感であった。

二月二七日午後九時、ブッシュはテレビ演説で、「クウェートは解放された」と宣言し、また演説でブッシュが述べた通り、三時間後に多国籍軍はイラク軍に対する攻撃を停止した。

攻撃停止から数時間後、ブッシュは日記に、「今回の戦争には明確な終結がない――〔太平洋戦争の降伏文書調印式がおこなわれた〕戦艦『ミズーリ』での降伏がない。これが第二次世界大戦とちがう点であり、クウェートは朝鮮やベトナムともちがっている」と記した。

ブッシュ政権は湾岸戦争終結にあたって、朝鮮戦争やベトナム戦争の教訓を意識していた。ポール・ウォルフォウィッツ国防次官は、「ブッシュ政権の高官は、朝鮮戦争中、マッカーサー元帥が仁川上陸作戦を見事に成功させた後、鴨緑江に向け無謀な北進作戦をとり、アメリカを血なまぐさい隘路《あいろ》に引き込む結果になったことを十分認識していた」と述べている。パウエルも、「大統領は砂漠の嵐を中東のヴェ《ママ》トナムにはしないと約束し、その言葉を忠実に守ったのである」と強調する。

攻撃停止をめぐる評価

ブッシュ政権による湾岸戦争終結のタイミングに関する決定の評価をめぐっては、論争が続いてきた。

たしかに、イラク軍をクウェートから撃退したのちもバグダッドまで進軍してフセイン体制を打倒することは、大きなリスクをともなうものであった。一方、ジャーナリストのマイケル・ゴードンと元アメリカ海兵隊のバーナード・トレイナーは、ブッシュはフセインをヒトラーになぞらえながら、いざ戦うと「ライン川で停止した」と指摘する。安全保障専門家のトマス・マンケンも、攻撃停止のタイミングが早すぎたと批判し、「本当の選択は、〔停戦宣言によって〕多国籍軍が任務を達成する前に戦争を終結することと、イラクに敗北を認めさせる選択肢を追求することのあいだにあった。そうすべきだったのは、停戦を宣言する前でなければならなかった」と主張する。

マンケンによれば、ブッシュ政権には次のような選択肢があった。共和国防衛隊を完全に包囲するまで地上戦を続行する（二月二八日午前〇時以降も攻撃をさらに一、二日続行していれば、共和国防衛隊の「背骨を折る」ことができたと論じる軍事専門家もいる）。多国籍軍が戦争を継続するとみせかけてフセインに圧力を加える（ウォルフォウィッツは、事実上攻撃を停止したとしても、フセインに対する圧力が減じられるので発表しないか、発表を遅らせるべきだと考えていた）。駆け引きのための追加的なレバレッジとして多国籍軍がイラク領を占領する。フセインの敗北を強調するためにその後開かれるサフワンでの停戦会談に革命指導評議会のメンバーを派遣させる（スコウクロフトは、サフワンにフセイン本人を出向かせるよう要求しなかったのは誤りだったと述懐した）。

たしかに二月二八日午前〇時以降も攻撃を続行し共和国防衛隊を壊滅させていたとしても結果が変わった証拠はない、と主張することは可能である。しかしブッシュ政権が、マンケンが提示するようなすべての選択肢を真剣に考慮した形跡もまた見当たらない。そしてマンケンが言うように、「アメリカ政府がいったん軍事作戦の停止を宣言すると、サダムへのアメリカの影響力は消えてなくなってしまった」し、後述のようなサフワンでのシュワルツコフの寛大な態度も、イラクに対するレバレッジを失わせることになった。

ブッシュ政権による「拙速な」戦争終結の決定の背景については、シュワルツコフが戦況を正確に把握できておらず、ワシントンにも伝えられていなかった可能性が指摘されており、この点に関するシュワルツコフの証言も混乱している。

イラクのアル・サマライ将軍によれば、停戦前のフセインは極限状態にあったようである。「停戦が公表される前には、フセインの気力はきわめて衰え、ひどく緊張し疲れきっていた。フセインはほぼ完全に衰弱していた。〔中略〕ブッシュの停戦の申し出によって本当に救われた瞬間〔の直前〕には、フセインはまことにあわれむべき状態にあった。停戦前、フセインは自らの破滅が間近だと感じていた。私が話しかけると、フセインは私の前に座り、泣き叫びはしなかったが、涙を流していた」とアル・サマライは回想する。ところが、「〔攻撃停止を知って〕二時間も経たないうちに、フセインは護衛とマスコミを引き連れて司令部へやって来て、電話で命令を発し始めた。〔中略〕フセインは、自分が偉大な、偉大な英雄だと感じていた。フセインは『勝った、勝った！』と言い始めた」のだった。

二月二八日、イラクはアジズ外相から国連安保理議長に宛てた書簡でこれまでの安保理決議の受け入れを表明したが、共和国防衛隊のソ連製T－72戦車の半数近く、少なくとも三六五両がクウェートから脱出し、精鋭のハンムラビ師団も大部分がそのまま逃げ出した。パウエルがイクレの著書に学びすぎたとすればこれほどの皮肉はない。

サフワンの停戦会談

三月三日、前日に採択された安保理決議第六八六号にもとづき、サフワンでシュワルツコフら多国籍軍参加国代表団と、イラク陸軍第三参謀次長ジャブリ（スルターン・ハーシム）将軍以下のイラク代表団のあいだで停戦会談がおこなわれた。

当初アメリカ側では、停戦会談を戦艦「ミズーリ」艦上でおこなうことが検討されたが、二月二七日の時点でブッシュが攻撃停止から二日以内の会談開始を決定していたため時間的余裕がなく断念された（実際にはイラク側がてまどり一日延期された）。一方フセインは、停戦会談に応じることで屈辱的な敗北を確認させられるとして当初は難色を示したが、結局モスクワに説得された。またイラク側は、停戦会談をクウェート・シティで開催することを求めていたが、クウェートの解放とイラクの屈服を世界に示したい多国籍軍側が拒否した。ホワイトハウスは、サフワンにフセイン本人が出向くよう要求すべきかどうか検討したが、フセインが拒否した場合の対応が難しく、またどのみちフセインの運命は決まっていると考えられたため、必要ないと結論づけられた。

この会談では、捕虜の解放や戦闘区域の安全化などに関する「委託事項」について合意がなされ、暫定的な停戦が成立した。多国籍軍側は、イラク軍のクウェートからの撃退という目的を達成し、またそのための犠牲者を予想よりはるかに少なく抑えたまま、湾岸戦争を終結させることができた。

一方、停戦会談でシュワルツコフは、政治的な要求は何一つ持ち出さず、「イラクの国境を変更しない」こと、「アメリカ軍はできるだけ早く撤退するつもりである」ことを早々に明言し、なおかつイラク側が求めたヘリ使用を本国の訓令を仰ぐことなく許可した。多国籍軍の統合軍司令官としてアラブ側参加国の部隊を指揮したサウジアラビアのハリド・ビン・スルタン将軍は、「委託事項」がフセイン排除につながる正式な降伏文書ではなかったことに失望した。

四月六日、イラクが同月三日に国連安保理で採択された湾岸戦争の講和条約にあたる決議第六八七号を受諾し、大量破壊兵器の廃棄やクウェートから没収した財産の返還などに同意したことを受け、安保理は一一日にイラクのアブドゥル・アミール・アル・アンバリ国連大使宛の書簡で停戦の発効を正式に宣言した。

独裁者のゆくすえに関する誤算

ブッシュは停戦に先立つ二月一五日におこなった演説で、イラク国民と軍部にフセイン放逐を呼びかけていた。停戦後、フセイン体制に不満を持つシーア派住民やクルド人が反フセインを掲げて蜂起したが、フセインはこれらの反乱を鎮圧した。そして反乱を起こしたシーア派住民やクルド人の村落を攻撃するのに、シュワルツコフがサフワンで使用を許可したヘリが使われたのだった。この間、アメリカは介入せず、フセインはさらに一二年にわたって政権の座にとどまり続けることになった。

戦争終結から数週間のあいだアメリカの高官たちは、フセインは一年以内に放逐されると予想していた。それはまったくの見込みちがいであった。ブッシュはのちの一九九六年一月一六日放送のテレビのインタビュー番組の収録で、フセインが湾岸戦争敗北後、権力の座から失墜すると考えたのは「誤算だった」と語った。ベーカー国務長官も回顧録のなかで、「サダム・フセインの延命力を私たちが過小評価した」と認めている。

結局ブッシュ政権はフセイン体制の扱いについて方針転換を余儀なくされた。湾岸戦争終結後の五月七日にロバート・ゲーツ国家安全保障問題担当大統領次席補佐官は記者会見で、フセインが失脚するまであらゆる制裁を維持していくと述べた。またブッシュは中央情報局に、「サダム・フセインを権力からはずすための条件を創出」する隠密作戦を開始する権限を与えた。それはフセイン体制転覆の絶好の機会が過去のものとなってから、既に数か月が過ぎたあとであった。

フセイン体制が転覆の難を逃れたことで、その後も中東からはある種の不気味さが醸し出され続けることになる。

3 タリバン政権の打倒――その首をはねよ

九・一一の衝撃

湾岸戦争終結から約一〇年後の二〇〇一年九月一一日、テロリストにハイジャックされた旅客機がニューヨークの世界貿易センタービルとワシントン郊外の国防総省などに突入するなどし、三〇〇〇人近くが死亡するという同時多発テロが発生した。翌一二日にブッシュ(子)大統領は「対テロ戦争」を宣言し、また国連安保理は決議第一三六八号を採択してテロを国際の平和と安全に対する脅威と認め、テロと闘うためにあらゆる必要な手順をとる用意があることを表明した。

ブッシュ政権は九・一一事件を、イスラム教過激派のテロ活動家ウサマ・ビン・ラディン率いる国際テロ組織「アルカイダ」によるものとみなした。九月二〇日、ブッシュ政権はアルカイダを庇護するアフガニスタンのタリバン政権に対してビン・ラディンらの引き渡しを要求し、一〇月七日までに応じなければ軍事行動をとると警告した。しかしタリバン政権はアメリカ側の要求に応じなかった。

当初ブッシュ政権内では、パウエル国務長官（ブッシュ〔父〕政権で統合参謀本部議長）やコンドリーザ・ライス国家安全保障問題担当大統領補佐官らを中心に、タリバン政権の打倒に慎重な意見もあった。九月一五日に大統領の別荘があるメリーランド州キャンプ・デービッドでおこなわれた大統領と国家安全保障チームの会合では、可能性は低いものの、まずはタリバン政権がアルカイダと手を切ってビン・ラディンの引き渡しに応じることに望みをかけて、タリバンに圧力を加えることで意見が一致した。

この席でパウエルは、交渉相手にするためにタリバン幹部は何人か生かしておくことが望ましいし、サウジアラビアの仲介でタリバン政権側と交渉できるかもしれないと述べている。九月二六日の国家安全保障会議ではライスが、アフガニスタン国民がタリバン政権打倒を望むのはかまわないが、アメリカのタリバンに対する要求はあくまでアルカイダに関することのみであると確認した。またパウエルはタリバン政権打倒を目的とすることについて、「新しい軍事作戦計画が必要になる」こと、「これまでタリバンを支援してきた隣国パキスタンの反応を考慮しなければならない」ことなどを理由に懸念を示した。

一方、チェイニー副大統領（ブッシュ〔父〕政権で国防長官）、ドナルド・ラムズフェルド国防長官、ジョージ・テネット中央情報局長官、ウォルフォウィッツ国防副長官（ブッシュ〔父〕政権で国防次官）らは、タリバン政権の打倒を求めた。

九月一三日の国家安全保障会議でウォルフォウィッツは、「〔九・一一事件の〕犯人の責任を追及するだけではなく、隠れ家や支援システムを一掃し、テロリズムを後援する国を滅ぼすことが肝心です」と主張した。九月二六日の国家安全保障会議では、チェイニーが「タリバン指導者の首を刎ねるほうが早道ではないか」と述べている。これを受けてテネットも一〇月三日に開かれた国家安全保障会議長官級委員会で、タリバン政権とアルカイダは固く結びついているから、一個の敵とみなして抹殺すべきだと主張した。この一〇月三日の会議でアフガニスタンの政権交代に乗り出すという政策が固まったと、ジャーナリストのボブ・ウッドワードは指摘する。

ブッシュは九月一四日の演説で、「この紛争は相手が選んだタイミングと条件で始まったが、われわれが選ぶ方法と時で終わるだろう」と述べていた。また九月一七日の国家安全保障会議では、アメリカの目標はタリバン抹殺ではないが、「そういう結果になるかもしれない」との見通しを口にしていた。

タリバン政権崩壊

アメリカ側がタリバン政権に提示したビン・ラディンらの引き渡し期限が過ぎた一〇月七日、アメリカを中心とする有志連合軍は「不朽の自由」作戦を開始し、アフガニスタンを攻撃した。開戦後の一〇月一一日、ブッシュは国家安全保障会議で「宿主と寄生虫の双方をわれわれは追討する」と宣言した。アメリカはテロリストと妥協することによる「将来の危険」を許容することはできなかった。

中央情報局は一〇月一日にラムズフェルドに対し、タリバン穏健派との交渉の道を開くことを念頭に置いた空爆の一時停止という提案をおこなっていたが、ラムズフェルドは「ベトナム戦争そのものだ」として拒否した。またパウエルとライスはカブールの制圧に反対していたが、チェイニーは一〇月九日の国家安全保障会議で、アフガニスタンの反タリバン勢力である「北部同盟」にカブールを制圧させることを主張した。ラムズフェルドも一一月一三日に同様の見解を覚書にまとめてブッシュに提出した。

一一月一三日、カブールは陥落し、タリバンおよびアルカイダ勢数千人が南部のパキスタン国境や東部のトラボラ地域へと潰走した。一二月七日には、タリバンの本拠地であるアフガニスタン南部のカンダハルよりさらに南方のタリバンの主要陣地も陥落し、タリバン政権は事実上崩壊した。

タリバン政権は崩壊したが、ブッシュが初めから明言していた通り、戦勝パレードも降伏文書調印式のような儀式もおこなわれなかった。

ブッシュ政権内には、アメリカがタリバン政権崩壊後のアフガニスタンの国家建設に深入りするのは望ましくないとの考えがあり、国連の支持の下で、一二月二二日に「アフガニスタン暫定行政機構」が成立した。暫定行政機構による統治を経て、二〇〇四年一月四日にアフガニスタン・イスラム共和国憲法が採択される。

その後オバマ政権期の二〇一一年五月二日に、開戦原因となった九・一一事件の首謀者ビン・ラディンがパキスタン・イスラマバード近郊のアボッターバードの潜伏先でアメリカ軍によって殺害された。そしてバイデン大統領がアフガニスタンからのアメリカ軍の完全撤退を表明するのは、九・一一事件から二〇年になるのを前にした二〇二一年四月一四日であった。

4　フセイン体制の打倒――「衝撃と畏怖」の誘惑

「悪の枢軸」

アフガニスタン攻撃に先立つ二〇〇一年九月二〇日、ブッシュ（子）大統領は上下両院合同会議で「われわれのテロとの戦いはアルカイダで始まるが、そこで終わるのではない」と演説した。ブッシュ政権は、九・一一事件にフセイン体制下のイラクが関与した疑いを抱いていた。

イラクは湾岸戦争終結に際して国連安保理決議第六八七号を受諾し、大量破壊兵器の廃棄と査察活動への協力を義務づけられていたが、その後査察活動を妨害し、クリントン政権期の一九九八年一〇月にはあらゆる査察活動への協力を停止することを表明していた。同じ時期（一〇月三一日）にはアメリカ議会が、「イラクにおいてサダム・フセイン体制を権力の座から放逐するための努力を支援し、これに代わる民主的な政権の出現を促進する」と定めたイラク解放法を制定した。

九・一一事件直後の九月一二日の国家安全保障会議および同月一五日にキャンプ・デービッドで開かれた前述の大統領と国家安全保障チームの会合で、ラムズフェルド国防長官とウォルフォウィッツ国防副長官は、アフガニスタンだけでなくイラクも攻撃することを早くも主張していた。テロリストと、大量破壊兵器を開発したイラクが、結びついていると考えられたからである（実際にはイラクは大量破壊兵器を保有していなかった）。両者の主張はこの時は却下されたが、カブールが陥落すると、ブッシュは一一月末以降ラムズフェルドに対イラク武力行使の準備にあたらせ始めた。

翌二〇〇二年一月一九日、ブッシュは上下両院合同会議でおこなった一般教書演説で、イラクをイランや北朝鮮とともに「悪の枢軸」と呼んで非難した。ブッシュ政権は、テロリストを抑止することはできないとして、同年の「国家安全保障戦略」においてテロリズムと大量破壊兵器の脅威に対する「先制行動」の方針を打ち出した。

二月七日、大統領と国家安全保障チームの会合で、ラムズフェルドはブッシュに、「衝撃と畏怖」概念について説明をおこなった。「衝撃と畏怖」概念は、軍事力の急速な優位性を確立して敵に戦意を喪失させるとするものであった。ラムズフェルドは、「衝撃と畏怖」概念にもとづく作戦によって大きな打撃を与えれば、フセイン体制は圧力に耐えかねて戦争開始早々に崩壊するかもしれないと述べた。アメリカは最小限の「現在の犠牲」で、目的を達成できそうであった。

しかしこの考え方は、戦争終結後の対反乱作戦や国家再建という別のリスクを過小評価していた。

一方パウエル国務長官は、アフガニスタン戦争の際と同様、イラクへの攻撃にも慎重であった。政権外でも、スコウクロフト元国家安全保障問題担当大統領補佐官は八月四日のテレビ番組で、「イラク攻撃はテロとの戦いをだいなしにする」と警鐘を鳴らした。

しかしブッシュは八月までに、フセイン大統領に武装解除を要求し、「従わなかった場合には、連合軍を結集してサダム・フセインを放逐する」ことを決意した。アメリカはフセインのイラクという「将来の危険」を根絶する意志を固めた。

秋、イラク攻撃に慎重なパウエルは、フセインが体制変革をおこない、大量破壊兵器を廃棄すれば政権の維持を認めてもよいとの考えを示したが、これに対しザルメイ・ハリルザド大統領特別補佐官は、「心変わりをすることがありうるのでフセインはイラクを去る必要がある」と反論した。一一月八日、国連安保理は決議第一四四一号を採択して、イラクの武装解除を要求し、イラクが安保理決議に違反し続ければ「重大な結果をもたらす」と警告した。

フセイン体制崩壊

二〇〇三年三月二〇日、アメリカを中心とする有志連合軍は「衝撃と畏怖」概念にもとづく「イラクの自由」作戦を発動し、イラクを攻撃した。この日チェイニー副大統領はブッシュに、「第一次世界大戦は休戦協定によって終わったために、打ち負かされたのではないと思ったドイツ人もいた。今回の戦争では、だれの目にも明らかな勝利を収めなければならない」と具申している。

四月九日、バグダッドに進軍したアメリカ軍は、首都中心部の広場にあったフセイン像を引き倒した。バグダッドは陥落し、フセイン体制は崩壊した。

フセイン体制崩壊後のイラク統治には、当初は国防総省の「復興人道支援室」があたり、四月二一日に「連合国暫定当局」に改組された（五月二二日に採択された安保理決議第一四八三号で暫定当局に占領軍としての特別権限が付与された）。五月一日、ブッシュは空母「エイブラハム・リンカーン」艦上でイラク戦争の大規模戦闘終結宣言を発表した。

当初マイケル・ガーソン補佐官ら大統領のスピーチライターたちは、演説に太平洋戦争終結時に日本が降伏文書に調印した際のエピソードを盛り込もうとし、当時マッカーサー元帥が述べた「大砲は沈黙した」という台詞を引用しようとした。しかし、太平洋戦争の時のように戦争終結を公式に宣言することについては国際法上問題があると考えられ、見送られた。アメリカの対イラク武力行使は法的根拠を湾岸戦争時の安保理決議第六七八号に置いており、太平洋戦争時の武力行使とは法的性格が異なるからである（同決議の援用の是非自体、国際法上解釈が分かれる問題であった）。

イラクでは同年一二月一三日にフセイン元大統領がアメリカ軍に拘束されたのち、二〇〇六年五月二〇日に正式政府が発足した（同年一二月三〇日、フセイン処刑）。同国は一時は内戦状態に陥ったが、二〇〇七年以降は治安の改善が見られ、二〇一一年一二月一四日にアメリカ軍が完全撤退し、オバマ大統領はイラク戦争終結を正式に宣言した。

アメリカ海軍のウィリアム・マッサーは、湾岸戦争は一方が他方を軍事的に圧倒する結果となったから、戦争終結形態の説明として合理的選択論のアプローチは有用ではないと主張する。このような見方は一面的である。なぜならマッサーの見方では、多国籍軍の一方的な軍事的勝利が、フセイン体制の打倒ではなく温存をもたらした理由を説明できないからである。

＊

ここでは「紛争原因の根本的解決」の極として、フセイン体制の打倒が、「妥協的和平」の極として、フセイン体制の体面を保ったままでのイラク軍のクウェートからの撤退（イスラエルによる全占領地からの撤退などを条件とするなど）が想定された。

湾岸戦争のケースでは、優勢勢力である多国籍軍側がフセイン体制の自壊を予想するなどイラクによる「将来の危険」を低く見、またバグダッドに進軍した場合の予測を含めて「現在の犠牲」の問題に敏感であった。そのため、戦争終結の形態はフセイン体制の打倒ではなく、イラク軍のクウェートからの撃退にとどまるもの、つまり「妥協的和平」の極に傾くことになった。そして湾岸戦争のケースは、強者が常に「紛争原因の根本的解決」の極を追求するわけではなく、強者はまさに強さゆえに、「将来の危険」を恐れずに妥協できるということを示している。

また、圧倒的な軍事的結果の前に、イラクにできることは限られていた。

一方、湾岸戦争が「妥協的和平」のうちに終結し、多国籍軍側の「現在の犠牲」が極小化された代償として、フセイン体制は温存され、結局アメリカは一二年後に再びフセインとのあいだで「第二次湾岸戦争」とも呼ばれるイラク戦争を戦わなければならなくなった。安全保障研究者のギデオン・ローズが言うように「またの機会に、別の誰かが、別の方法で、このコストを支払う」ことになったのである。それはアメリカが「現在の犠牲」をためらうあまり、安易な妥協をおこなったからであった。

アフガニスタン戦争とイラク戦争は、タリバン政権の打倒および同政権がかくまったアルカイダの殲滅と、フセイン体制の打倒およびイラクの武装解除をそれぞれめざした有志連合にとって、ヨーロッパにおける第二次世界大戦と同様「紛争原因の根本的解決」の極にあるケースであった。その反対側、すなわち「妥協的和平」の極としては、タリバン政権がアルカイダと手を切ってビン・ラディンの引き渡しに応じることや、フセイン体制下での武装解除を待つことなどが想定された。

優勢勢力側である有志連合には、アルカイダが再びテロをおこなったり、イラクが保有すると誤認された大量破壊兵器がテロリストと結びついたりする「将来の危険」は許容できるものではなかった。一方、アフガニスタン戦争における「不朽の自由」作戦、さらにはイラク戦争における「衝撃と畏怖」概念にもとづく「イラクの自由」作戦により、少ない「現在の犠牲」でタリバン政権やフセイン体制の打倒を達成できると考えられた。

しかし有志連合側は、その後の対反乱作戦や国家再建という別のリスクを過小評価していた。特にイラク戦争では、フセイン体制による大量破壊兵器の保有が事実でなかった以上、その危険を過大評価していたことは明らかである。

一方、タリバン政権とフセイン体制は、有志連合側が「紛争原因の根本的解決」の極に固執しており、軍事的結果も圧倒的であったことから、戦いが始まってしまえば手の打ちようがなく、崩壊を余儀なくされることになった。

戦争終結に関するアメリカの態度は、わずか十数年のあいだに交戦相手との共存から打倒へと転回した。そのことは、戦争終結形態が「将来の危険」と「現在の犠牲」のバランスに大いに影響されるものであることを改めて示している。

終　章　教訓と出口戦略——日本の安全保障への示唆

「紛争原因の根本的解決と妥協的和平のジレンマ」から見た戦争終結

戦争はいかに終結するのか。本書はこの問いに対し、「紛争原因の根本的解決と妥協的和平のジレンマ」という視角を提示した。そして二〇世紀以降の主要な戦争を題材に、戦争終結を主導する優勢勢力側が「将来の危険」と「現在の犠牲」のどちらをより重視するかをめぐるトレードオフのなかで、ジレンマを解く均衡点が決定されることを見た。そこでは交戦勢力間の戦略的相互作用も影響した。

これまで見てきた歴史的事例のなかで、戦争終結形態が「紛争原因の根本的解決」の極か、それに近いものとなったのが、両世界大戦、アフガニスタン戦争、イラク戦争であった（このほかにも、局地的なものとして第一次世界大戦における中央同盟国とロシア、第二次世界大戦における枢軸国とフランス、連合国とイタリアとの戦争終結）。ヨーロッパでの両世界大戦において連合国は、自分たちの「現在の犠牲」よりも、ドイツによる「将来の危険」を重視し、特にナチズムの危険に対しては最終的に相手の無条件降伏を勝ち取るまで戦いを続けた。またアフガニスタン戦争とイラク戦争では、アメリカを中心とする有志連合側によってテロや大量破壊兵器をめぐる「将来の危険」が高いと認識された反面、「現在の犠牲」は低く見積もられた。

太平洋戦争の場合、アメリカにとっての日本軍国主義の「将来の危険」と自分たちの「現在の犠牲」とが拮抗していた。この場合、劣勢勢力である日本側から見て付け入る隙が生じ、日本は徹底抗戦に出て少しでも有利な「妥協的和平」を得ようとしたが、アメリカ側はポツダム宣言のようなあいまいな約束しかできなかった。特に核実験の成功とソ連参戦の確約により、日本に対するさらなる譲歩をおこなうインセンティブは低下した。これに対し日本側はそのあいまいさから、さらなる妥協を引き出す余地があるという誤った希望を見出し、そのような希望が断ち切られて「紛争原因の根本的解決」の極に近い形態で戦争が終わった。

なお太平洋戦争と第一次世界大戦の結果は、ともに「紛争原因の根本的解決」の極に近いものとなったが、そこにいたる論理は異なる。前者は「現在の犠牲」を回避するために無条件降伏政策を修正した結果である。一方、後者においてドイツは日本のように本土戦をおこなってまで守ろうとする価値を持たず、相手方はより少ない「現在の犠牲」での勝利を想定できた。

一方、「妥協的和平」の極に傾いた戦争終結を迎えたのが、朝鮮戦争、ベトナム戦争、そして湾岸戦争であった。朝鮮戦争とベトナム戦争では、本来優勢勢力であるアメリカは、事態が中国やソ連との戦争にエスカレートして「現在の犠牲」が多大なものとなることを恐れた。しかも共産側やハノイとの妥協が、アメリカ本土に直接脅威を及ぼすような深刻な「将来の危険」を残すものとは考えにくかった。湾岸戦争でも、アメリカは「現在の犠牲」の問題にきわめて敏感であり、逆にフセイン体制の「将来の危険」を軽視していた。

以上のように、優勢勢力側にとっての「将来の危険」が大きく「現在の犠牲」が小さい場合、戦争終結の形態は「紛争原因の根本的解決」の極に傾く。逆に優勢勢力側にとっての「将来の危険」が小さく「現在の犠牲」が大きい場合、戦争終結の形態は「妥協的和平」の極に傾くことが分かる。さらに優勢勢力側にとっての「将来の危険」と「現在の犠牲」が拮抗する場合、戦争終結の形態は不確定となり、「紛争原因の根本的解決と妥協的和平のジレンマ」をめぐって交戦勢力間で戦略的相互作用が生じ、これが均衡点に影響した。

これにドイツ革命、ポツダム宣言受諾をめぐる一条件派と四条件派の駆け引き、スターリンの死、アメリカ大統領選挙などの国内政治要因を加味すると、各事例における実際の戦争終結形態のさらに細部を考究することができる。ただし国内要因は戦争終結の主因ではなかった。

こうした視点に立つことにより、様々な形態をとる戦争終結事例を一望することができ、それらを統一的に把握することが可能になる。

三つの示唆

加えて、本書が振り返った歴史から、次のような示唆が得られる。

第一に、パワーのみが「紛争原因の根本的解決」か「妥協的和平」かを左右するのではない。湾岸戦争のケースが典型だが、強者が常に「紛争原因の根本的解決」の極を追求するわけではなく、強者はまさに強さゆえに、「将来の危険」を恐れずに妥協できる。

第二に、構造的なパワー・バランスの変化が戦争終結に影響を与えるのは、一方のパワーの増大を交戦勢力各々がちがうように評価するという理由だけではない。パワー・バランスの変化が、交戦勢力にとっての「将来の危険」と「現在の犠牲」に対する評価を変える点も重要である。つまり局地的戦争終結や第三者の介入が、他の交戦勢力にとっての「将来の危険」を高める場合、必ずしも全面的な戦争終結にはつながらない。第一次世界大戦におけるロシアの離脱、朝鮮戦争における国連と中国の介入がこれにあたる。

第三に、多国間戦争の終結形態は、局地的な終結の場合はその後の全面的戦争終結を見すえた戦略的打算や、またそれ以外の場合でも同じ同盟勢力内の戦後を見すえた確執に影響されることがある。前者については、第二次世界大戦におけるドイツによるヴィシー政権の存続容認、連合国によるイタリアに対する無条件降伏政策の緩和が当てはまる。後者については、第二次世界大戦ではヨーロッパにおいてもアジア太平洋においても、アメリカ・イギリスの西側連合国とソ連のあいだで表出した問題であった。ベルリン攻略にあたってアメリカは、「現在の犠牲」とソ連との協調を重視してソ連に譲った。しかしやがてアメリカはソ連に対してより警戒的となり、ポツダム宣言からソ連を排除し、戦後東アジアにおけるソ連の影響力を極小化しようとした。

成功と失敗を分けたもの

戦争終結には、常にこれが正解というものはない。朝鮮休戦協定を結ぶことで結果的にのちの世代が緊張の持続を抱え込み、北朝鮮の核兵器の脅威にさらされ続けるべきだったのか、それとも朝鮮戦争当時の世代が「現在の犠牲」を払ってでも「紛争原因の根本的解決」を図るべきだったのかは、今のところ答えのない問いである。

ただ少なくとも、「現在の犠牲」をためらうあまり「将来の危険」を過小評価して安易な妥協をおこない、その結果短期間で平和が崩れたり、逆に「将来の危険」を過大評価して不必要な「現在の犠牲」を生んだりするような戦争終結は失敗であるといえる。

湾岸戦争では、アメリカはバグダッドに進軍しないとしても、フセイン体制を弱体化するためにサフワンでの停戦合意以上の手を打つことができたはずである。

一方太平洋戦争では、ポツダム宣言による無条件降伏政策の修正や日本本土戦回避は評価できるものの、アメリカはポツダム宣言にスターリンの署名を求めたり、これを正式な外交文書として発出したりすることで、日本が同宣言を早期に受諾しやすくなるよう仕向けるべきであった。核使用によっても日本が降伏しなかった場合は、その瑕疵はアメリカが自軍の犠牲であがなわなければならなかったはずである。「将来の危険」を過大評価して（「現在の犠牲」を過小評価して）不必要な「現在の犠牲」を生むことになったのは、朝鮮戦争における国連側の北進と共産側の南進、ベトナム戦争、アフガニスタン戦争とイラク戦争（特にイラク戦争）の終結においても同様であった。

逆に、「現在の犠牲」を避けつつ「将来の危険」を取り除くような、虫のいい戦争終結は難しい。この点で失敗したのが、第一次世界大戦の終結であった。

これらに加え、多国間戦争において局地的戦争終結の際に多くを求めすぎる（ブレスト＝リトフスク講和）、同盟国との戦後の関係を見誤る（第二次世界大戦におけるベルリン獲得競争）、戦争目的の本質から外れる（朝鮮戦争における捕虜問題）などの失敗もあった。

一方、ヨーロッパにおける第二次世界大戦の終結は、ナチズムの恐るべき「将来の危険」を考えれば、連合国が「現在の犠牲」を払ってでも「紛争原因の根本的解決」の極を追求したことは妥当であったと評価できる。連合国・イタリア間の戦争終結（無条件降伏政策の緩和）も、連合国にとってのイタリアの「将来の危険」と自分たちの「現在の犠牲」のバランスをうまく考慮したものであった（それでも早すぎる休戦発表という失敗はあった）。そして第二次世界大戦後にアメリカ・イギリスは、旧枢軸国との永続的といえる平和を達成できた。

また朝鮮戦争の終結は、結果的に朝鮮半島における平和がその後約七〇年にわたって緊張をはらみながらも一応はコントロールされているという意味では、一定の成功を収めた。

劣勢勢力側の決断

ところで、「紛争原因の根本的解決と妥協的和平のジレンマ」の考え方は、戦争終結がパワーを用いた闘争の帰結である以上、基本的には勝者の論理である。敗者は勝者に「紛争原因の根本的解決」を押しつけられない。特に、湾岸戦争のように軍事的結果が圧倒的であったり、第二次世界大戦のように優勢勢力側があくまで「紛争原因の根本的解決」の極に固執したりする場合、劣勢側には手の打ちようがないか、あってもできることは限られてくる。

一方、優勢勢力側が、「将来の危険」よりも「現在の犠牲」を重視し、「妥協的和平」の極に傾いているときは、劣勢側であってもパワー要因にもとづき、相手に対してここで譲歩するか、それとも譲歩を拒否してさらなる犠牲を受け入れるかを迫ることができる場合がある（アメリカはさらなる犠牲を避けて朝鮮休戦協定とパリ協定の条件を受け入れた）。ドイツ帝国はあとになって「十四か条の原則」に失望するくらいなら、相手に譲歩を求めるためには自らが相応の「現在の犠牲」を払わなければならないと知るべきであった。

また、優勢側にとっての「将来の危険」と「現在の犠牲」が拮抗する場合（太平洋戦争）も、劣勢勢力側から見て相手に付け入る隙が生じる（「妥協的和平」を得ようとした日本の試みは結果的には成功しなかった）。

ここで劣勢勢力側が考えなければならないのが、自らの損害受忍度についてである。チャーチルのイギリスは民主主義のため、ハノイは民族の独立のために、「現在の犠牲」に耐え、成功した。日本も、国体護持のために損害を受け入れたが、結局は耐えきれず、しかも損害受忍度の高さを核攻撃とソ連参戦で相殺されることになった。

また第二次世界大戦下のイギリスとベトナム戦争でのハノイ、そして朝鮮戦争における共産側は、構造的なパワー・バランスを自分たちに有利なかたちで変化させるか、変化させられると相手側に認識させるのに成功した。この点、日本のソ連仲介策は完全に失敗であった。

さらに日本や、両世界大戦でのドイツは、優勢勢力側の仲たがいを期待したが、本書で見たなかで劣勢勢力側による優勢勢力側への離間策が成功した試しはなく、戦争終結の局面でそのような希望的観測にすがるのは愚行といわざるをえない。

劣勢勢力側は、自分たちが守ろうとしている価値が犠牲に見合うものなのか、構造的なパワー・バランスを自分たちに有利なかたちで変えることができる可能性が客観的に存在するのかを熟慮しなければならない。そしてもしその可能性が乏しい場合、希望的観測を排し、勇気を持って「損切り」を決断しなければならない。ここで適切な判断ができるかどうかが、チャーチルのイギリスと日本帝国の明暗を分けたのだ。

日本の安全保障体制

最後に、本書の考察から、これからの日本の安全保障政策にどのような示唆が得られるのかを考えてみたい。

日本の安全保障については、憲法により必要最小限の自衛権を行使できるとされており、自衛隊法や重要影響事態法、事態対処法などの法整備がなされている（二〇一五年九月三〇日に平和安全法制が成立)。また「国家安全保障戦略」(二〇一三年一二月一七日策定)が国家安全保障に関する基本方針となっている。

さらにサンフランシスコ講和条約署名時(一九五一年九月八日)にアメリカとのあいだで結んだ日米安全保障条約にもとづく日米同盟が基軸である。この条約の目的は、日本と極東の国際の平和と安全を守ることであり、条約が適用される区域は日本および極東である。ただ近年の日米同盟には日本と極東のみならず、インド太平洋における、あるいはグローバルな安全保障課題に対処するための日本とアメリカの提携という幅広い役割が期待されるようになってきている。

これらの下位レベルでは、「防衛計画の大綱」(防衛大綱)において、防衛力の在り方が示されており、また「日米防衛協力のための指針」(ガイドライン)で、日本や周辺国における有事の際の自衛隊とアメリカ軍の具体的な役割分担などが取り決められている。

本書のテーマとの関連でいうと、このうちまず事態対処法は、「武力攻撃が発生した場合には、これを排除しつつ、その速やかな終結を図らなければならない」と規定している。また国家安全保障戦略は、日本の国家安全保障の目標として、抑止力の強化や日本に直接脅威が及ぶことの防止とともに、「万が一脅威が及ぶ場合には、これを排除し、かつ被害を最小化する」ことを挙げる。二〇一八年一二月一八日に策定された防衛大綱(「三〇大綱」。数字は和暦）でも、「万が一、我が国に脅威が及ぶ場合には、確実に脅威に対処し、かつ、被害を最小化する」とされている。いずれも、「現在の犠牲」の回避に軸足を置いた書きぶりとなっている。

また二〇一五年四月二七日に策定されたガイドライン（「一五ガイドライン」。数字は西暦）はより踏み込んで、「外交努力及び抑止にもかかわらず、日本に対する武力攻撃が発生した場合、日米両国は、迅速に武力攻撃を排除し及び更なる攻撃を抑止するために協力し、日本の平和及び安全を回復する」とし、「米国は、日本の防衛を支援し並びに平和及び安全を回復するような方法で、この地域の環境を形成するための行動をとる」と定めている。

これらの方針にもとづき、万が一日本が戦争に巻き込まれるようなことになった場合、脅威への対処・排除、被害の最小化、そして終結のための措置を講ずるうえで重要な役割を果たすことになるのが、二〇一三年一二月四日に設置された国家安全保障会議（ＮＳＣ）である。これは国家安全保障に関する重要事項を審議する機関であり、内閣主導の下、外務省・防衛省など複数の省庁の所管にまたがるような幅広い安全保障問題に関する中長期的視野に立った戦略を策定することや、緊急事態に対処するための機能を持つ。

特に戦争終結は、政治・外交・軍事が一体となって導いていくものであるから、そのなかでＮＳＣの役割は重要となる。太平洋戦争中の最高戦争指導会議が、縦割り組織の利益代表者たちの会合にすぎず、ついに戦争終結の意思決定機能を果たせなかったのとは異なり、内閣官房国家安全保障局（NSS）の補佐を受けつつ関係閣僚による機動的・実質的審議をおこない、安全保障に関する国家としての政策決定を補助することが期待されている。ただこのような体制の下で、抑止や初動対処を超えて、いったん始まった紛争を理性的に収拾するため、戦後も視野に入れつつどのような「出口戦略」を描くべきかについての検討は、これからの課題であろう。

日米同盟が優勢であるケース

そこで、蓋然性《がいぜんせい》は度外視し、日本の安全保障の基軸である日米同盟を主語として、戦争終結の局面を検討してみよう。まずは日米同盟側が優勢で、なおかつ「将来の危険」と「現在の犠牲」のバランスをめぐる認識が日米両国で一致する場合を想定してみる。

もし日米同盟側にとっての「将来の危険」が極限まで大きく「現在の犠牲」がきわめて小さい場合、理論上は相手政府・体制の打倒が追求されることになる。ただし相手が核保有国の場合は、少なくとも相手の核戦力を緒戦ですべて破壊してこちら側に犠牲が生じないようにできることが前提となる。

また日本側の行動は、「専守防衛」の原則（相手から攻撃を受けて初めて武力を行使し、その場合も必要最小限の武力行使にとどめるとする姿勢）や、交戦権に関する憲法解釈との整合性を図る必要がある。一九五四年五月二五日の参議院内閣委員会における佐藤達夫内閣法制局長官答弁では、「敵が攻めて来た場合、ずっと敵を追い詰めて行って、そうして将来の禍根を断つために、もう本国までも全部やつけ《ママ》てしまうというようなことが卑近な例として考えられますれば、交戦権があればそれは許されるであろう、併《しか》しないからそれは許されない」とされている。

自衛隊の作戦行動は専守防衛の原則にのっとったものでなければならない。しかし、これが彼我《ひが》双方にとっての犠牲を結果的に最小限に抑えうるような作戦を遂行するうえで、必ずしも合理的であるとは限らない。「将来の危険」を過小評価して安易な妥協をおこなわないようにするとともに、膨大な「現在の犠牲」を払いながら、深刻な「将来の危険」を残してしまうような形態で戦争を終わらせることは避けなければならない。

逆に、日米同盟側にとっての「将来の危険」が小さく「現在の犠牲」が大きい場合、たとえば兵器の種類や配置などについて戦後こちら側が安心できるような制約を相手側に課すなどの条件（非核化など）で休戦するか、あるいは、当面の脅威を撃退するのみで、戦後も緊張状態の持続を受け入れることになると理論上は想定される。「将来の危険」を過大評価して、不必要な「現在の犠牲」を払うことは避けなければならない。

もし「将来の危険」と「現在の犠牲」が拮抗する場合、日米同盟側には、第三者の介入やこちら側の同盟勢力の離脱に関する相手側の望みを絶つ、相手側がさらなる譲歩を求めようとするインセンティブを高めない程度に戦後についての約束を示す、限定的なエスカレーションをとる、といった選択（の組み合わせ）があり、相手側の反応を見きわめて均衡点を探ることになる。

問題となるのは、「将来の危険」と「現在の犠牲」のバランスをめぐる認識が日米で不一致となる場合である。

この場合、日米間の溝に乗じて相手方が単独講和の揺さぶりをかけてくるかもしれない。もしアメリカが相手側との単独講和に応じれば、日本は単独で戦争を継続するか、アメリカによる相手側との和平に日本側の要求を盛り込ませることしかできなくなる。そこで日本が得られるものが、朝鮮戦争における韓国以上のものになるのか、それともベトナム戦争におけるサイゴン以下のものになるかは分からない。

逆に、日本が相手側と単独講和することも理屈のうえでは考えられる。日本がアメリカの意向に反して相手側と単独講和した場合は、「戦後」の日米同盟は取り返しのつかないダメージを負うことになるであろう（逆の場合も然り）。

また日本の戦線離脱後も、アメリカは一九六〇年一月一九日の「朝鮮議事録」を根拠に、日本との事前協議なしで在日米軍基地を使用し続けるかもしれない。アメリカ軍が極東有事において日本の基地から直接戦闘作戦行動をとる場合は、「岸＝ハーター交換公文」にもとづいて日本政府との事前の協議の対象となる。しかしこれに関しては、朝鮮有事における在日米軍の（国連軍としての）直接戦闘作戦行動を事前協議制度の例外とする「密約」である朝鮮議事録が存在する（二〇一〇年にその存在が公表）。同議事録は今日でも無効化されたとまでは言い切れないものである。このことが問題を複雑化させる可能性もある。事実として日米同盟は、これまで実戦を生きぬいていないのである。なお、自衛隊とアメリカ軍の指揮権並列型の体制が有事で機能するかも未知数である。

日米同盟が劣勢であるケース

最後に、日米同盟側が劣勢の場合は、残念ながら選択肢はきわめて限られたものになる。軍事的結果が圧倒的であったり、優勢勢力である相手側が「紛争原因の根本的解決」の極に固執したりしない限り、「紛争原因の根本的解決と妥協的和平のジレンマ」の均衡点を少しでも後者の側に移動できる可能性はある。その場合は、相手側が抱く「将来の危険」を低減させるか、相手側の「現在の犠牲」を増大させるしかない。そして相手側に対し日米同盟の「将来の危険」を低減させるということは、防衛コミットメントの低減や防衛力の縮減、あるいは内政干渉に当たるような条件までを受け入れることを意味するかもしれないし、最悪の場合は戦後相手側の勢力圏に組み入れられるに近い条件を呑まされることになるかもしれない。かといって相手側の「現在の犠牲」を、自分たちの犠牲も覚悟して増大させることは、日米のような損害受忍度が低い民主主義国にとってきわめて不利な戦略である。また、相手方から見れば、単独講和の揺さぶりもかけやすくなるであろう。

日米同盟側が劣勢の場合は、前述のように、日米が守ろうとしている価値が犠牲に見合うものなのか、構造的なパワー・バランスを自分たちに有利に変化させうるのかを熟考し、犠牲を払ってでも屈しないか、それとも「損切り」によって収拾するのかを、決断しなければならない。

*

もちろんここで提示しているのは文字通り「頭の体操」でしかない。しかし、危機を想定した「頭の体操」を怠り、それらを「想定外」として片づけていたのが、東日本を壊滅の危機に陥れた二〇一一年の福島原発事故や、新型コロナウイルス危機以前の日本の姿ではなかっただろうか。ここで提起したような議論をタブー視せず、知的訓練を積み重ねることで、紛争の出口戦略について考えを深めることができ、ひるがえってそのこと自体が抑止力の強化への一助となるはずである。また、有事に日米間で齟齬《そご》が生じないよう、平素から出口戦略に関するすり合わせをおこなっていくことも求められる。

実は平和の回復にとって単なる戦争終結それ自体は重要ではない。戦争終結は早期になされればいいというわけでもない。平和の回復にとって重要なのは、それがどのような条件によってもたらされた戦争終結であり、それによって交戦勢力同士がお互いに何が得られ、何が失われるのかということである。ここに戦争終結のジレンマを問う意味がある。アメリカによる広島・長崎への核使用とソ連の対日参戦という太平洋戦争の破滅的な結末は、厳しさを増す昨今の国際安全保障環境のなかで、われわれ日本人が戦争終結について今こそ学ぶことを求めているのではないだろうか。

あとがき

本書は戦争終結について、理論と歴史を通じて論じたものだが、実は筆者のもともとの専門は日米同盟史や防衛政策史の研究であり、これまで戦後日米大使外交や、基盤的防衛力構想、内閣安全保障機構（NSC）などをテーマとした歴史分析に取り組んできた。

なぜそのような研究者が戦争終結論を書いたかというと、一つは、望ましい戦後の在り方が戦争終結の形態を決め、逆に戦争終結の形態が戦後の在り方に影響を与えるとすれば、戦後の日米同盟についてもそれに先立つ戦争終結と連続的にとらえなければならないのではないか、と考えたからである。

もう一つは、近年いっそう厳しさを増す日本を取り巻く国際安全保障環境のなかで、これからの日本の安全保障政策や日米同盟の在り方を考えたときに、抑止や初動対処のみならず、出口戦略という観点も求められてくるのではないか、そのためには戦争終結という概念に関する理解を深めることが重要なのではないか、と考えたためである。したがって筆者のなかでは、自分自身の一連の研究には一貫性があると考えている。

また筆者は政治学者であるが、二〇一一年から二〇一二年にかけて内閣官房副長官補（安全保障・危機管理担当）付として総理官邸・内閣官房で安全保障・危機管理の実務に携わったことがあり、そこでの経験もこうした問題意識の背景にある。

ただ、以上のような考えをまとめる以前から、戦争終結論については漠然とした関心があった。それには大学院生時代からポスドク時代の二〇〇六年から二〇〇八年にかけて、（財）平和・安全保障研究所／（独）国際交流基金日米センター「安全保障研究奨学プログラム」に参加した折、ディレクターで国際政治理論の大家である山本吉宣先生（東京大学名誉教授）と土山實男先生（元青山学院大学副学長）からいただいたご指導があったと思う。同じころに故ハリー・レイ先生（元南山大学教授）の下で太平洋戦争終結をテーマにした講義資料の翻訳をお手伝いしたことも勉強になった。

特に防衛省防衛研究所入所後の二〇一二年に、*Foreign Affairs*誌の編集長であるギデオン・ローズ博士による戦争終結研究、*How Wars End: Why We Always Fight the Last Battle*（New York: Simon & Schuster, 2010）の監訳に携わったことは貴重な機会であった（『終戦論——アメリカはなぜ戦後処理に失敗し続けるのか』の邦題で原書房より刊行）。欧米の戦争終結研究のまとまった翻訳は、一九七四年に出版されたフレッド・イクレの『紛争終結の理論』（桃井真訳、日本国際問題研究所）以来であったと思う。『終戦論』刊行直後、拙監訳をお読み下さった土山先生からわざわざお電話をいただき、さらに色々とご教示もいただいた。

このあと筆者は二〇一四年から二〇一五年まで、ジェラルド・カーティス先生のご厚意でコロンビア大学に客員研究員として籍を置いたが、戦争終結論についてさらに詳しく調べるうえでも同大学は理想的な環境であった。帰国後の二〇一五年に防衛研究所で開催した「歴史から見た戦争の終結」をテーマにした国際会議にもスタッフとして関わった。

本書のもととなったのは、二〇一九年に日本国際政治学会の学会誌『国際政治』一九五号（同年三月）に発表した「戦争終結の理論――平和の回復をめぐるジレンマ」という小論である。それまで書いてきた著書や論文は、日米同盟や防衛政策に関する歴史分析が中心であったが、戦争終結論を、しかも理論分析としてまとめる作業は、筆者に国際政治研究の新たな楽しさを教えてくれた。この時筆者の背中を押して下さり、ご指導下さった恩人は、石川卓先生（防衛大学校教授）と泉川泰博先生（中央大学教授）、そして厳しくも大切なコメントを下さった査読者の先生方である。

こうした理論分析を骨組みとして、本書の歴史叙述を開始した。草稿については、高橋慶吉大阪大学教授（米中関係史）、手賀裕輔二松学舎大学准教授（ベトナム戦争史）、山本慎一香川大学教授（国際法）、防衛研究所の庄司潤一郎研究幹事（日本軍事外交史）、石津朋之戦史研究センター長（第一次世界大戦史）、立川京一戦史研究室長（フランス軍事外交史）、花田智之主任研究官（ロシア・ソ連軍事外交史）、石原雄介主任研究官（国際安全保障論）、山口信治主任研究官（中国軍事外交史）、石田智範研究員（アメリカ軍事外交史）、伊藤頌文研究員（イギリス軍事外交史）に通読していただき、貴重なご教示をたまわったり、誤りを正していただいたりした。また、ヒュー・ストローン博士（セント・アンドリューズ大学教授）、リチャード・フランク氏（アメリカ国立第二次世界大戦博物館評議会議長）、ダン・ライター博士（エモリー大学教授）との意見交換も有益であった。

そして終章でささやかながら出口戦略への示唆についても触れたのは、二〇一九年から（一財）アジア・パシフィック・イニシアティブの「福島原発事故一〇年検証委員会」（第二次民間事故調）に委員として参加させていただき、船橋洋一同財団理事長、鈴木一人同委員会座長（東京大学教授）の下で国家的危機からの「学び」と次への「備え」を検証する重要性をそれこそ学べたからである。

その草稿を新書というかたちで一般の読者諸賢にお届けしたいという筆者の願いをほぼ即決で聞き入れて下さったのが、中公新書シリーズで数々の良書を送り出してこられた編集長の田中正敏氏である。出版までに、同編集長にはひとかたならぬご尽力をたまわった。

そして田中編集長をご紹介下さったのが、村田晃嗣先生（同志社大学教授）である。広島で、村田先生にご指導いただくという幸運に恵まれることがなければ、筆者が研究者の道を志すことはなかったと思う。それから二〇年以上になるが、今も教え子のことを気にかけて下さる村田先生のご学恩には感謝の言葉もない。

これらの先生方やお世話になった方々からのご指導とご高配に、心より感謝申し上げたい。

そして本書を、筆者の心の支えである妻、優しい性格で、何事にも積極的に取り組む小学生の長女、話が論理的で、また人を思いやれる幼稚園児の長男、そしてお風呂でいつも筆者の背中を洗ってくれる、幼稚園に通い始めたばかりの次男の、家族四人に捧げる。

千々和泰明

二〇二一年四月

主要参考文献

千々和泰明『変わりゆく内閣安全保障機構——日本版NSC成立への道』原書房、2015年

潮社、1994年
コリン・パウエル、ジョゼフ・E・パーシコ（鈴木主税訳）『マイ・アメリカン・ジャーニー コリン・パウエル自伝——統合参謀本部議長時代編』角川書店、2001年
ジョージ・W・ブッシュ（伏見威蕃訳）『決断のとき』（下）日本経済新聞出版社、2011年
ジェームズ・A・ベーカーⅢ（仙名紀訳）『シャトル外交——激動の四年』（下）新潮社、1997年
ジェームズ・マン（渡辺昭夫監訳）『ウルカヌスの群像——ブッシュ政権とイラク戦争』共同通信社、2004年
ドナルド・ラムズフェルド（江口泰子・月沢李歌子・島田楓子訳）『真珠湾からバグダッドへ——ラムズフェルド回想録』幻冬舎、2012年
陸戦学会戦史部会編『湾岸戦争』陸戦学会、1999年
"Oral History: Wafic Al Samarrai," Frontline/PBS <https://www.pbs.org/wgbh/pages/frontline/gulf/oral/samarrai/1.html>
Khaled bin Sultan, *Desert Warrior: A Personal View of the Gulf War by the Joint Forces Commander* (London: HarperCollinsPublishers, 1995)
George Bush and Brent Scowcroft, *A World Transformed* (NY: Random House, 1998)
Lawrence E. Cline, "Defending the End: Decision Making in Terminating the Persian Gulf War," *Comparative Strategy* 17:4 (October 1998)
Lawrence Freedman and Efraim Karsh, *The Gulf Conflict 1990-1991: Diplomacy and War in the New World Order* (Princeton: Princeton University Press, 1993)
Michael R. Gordon and Bernard E. Trainor, *The Generals' War: The Inside Story of the Conflict in the Gulf* (Boston: Little, Brown and Company, 1995)
Stanley T. Kresge, "Gulf War Termination Revisited," Air War College, Air University (April 1999)
Thomas G. Mahnken, "A Squandered Opportunity ? : The Decision to End the Gulf War," in Andrew J Bacevich and Efraim Inbar eds., *The Gulf War of 1991 Reconsidered* (London: Frank Cass, 2003)
William G. Musser, "Terminating America's Wars: The Gulf War and Kosovo," Naval Postgraduate School (June 2002)
Bard E. O'Neill and Ilana Kass, "The Persian Gulf War: A Political-Military Assessment," *Comparative Strategy* 11:2 (April 1992)
"The Day Bush Stopped the War," *Newsweek*, January 20, 1992

終　章

衆議院・参議院『国会会議録』<https://kokkai.ndl.go.jp/#/>

& Row, 1986)
Henry A. Kissinger, "Vietnam Negotiations," *Foreign Affairs* 47: 2 (January 1969)
Henry Kissinger, *Ending the Vietnam War: A History of America's Involvement in and Extrication from the Vietnam War* (NY: Simon & Schuster, 2003)
Luu Van Loi and Nguyen Anh Vu, *Le Duc Tho-Kissinger Negotiations in Paris* (Hanoi: The Gioi Publishers, 1996)
Edward Miller, *The Vietnam War: A Documentary Reader* (Hoboken: Wiley-Blackwell, 2016)
John E. Mueller, "The Search for the 'Breaking Point' in Vietnam: The Statistics of A Deadly Quarrel," *International Studies Quarterly* 24: 4 (December 1980)
Lien-Hang T. Nguyen, *Hanoi's War: An International History of the War for Peace in Vietnam* (Chapel Hill: The University of North Carolina Press, 2012)
Gareth Porter, *A Peace Denied: The United States, Vietnam, and the Paris Agreement* (Indianapolis: Indiana University Press, 1975)
Richard J. Whalen, *Catch the Falling Flag: A Republican's Challenge to His Party* (Boston: Houghton Mifflin Company, 1971)
Marilyn B. Young, *The Vietnam Wars 1945-1990* (NY: HarperCollins, 1991)
I. William Zartman, "Reality, Image, and Detail: The Paris Negotiations, 1969-73," in I. William Zartman and Maureen R. Berman eds., *The 50 % Solution: How to Bargain Successfully with Hijackers, Strikers, Bosses, Oil Magnates, Arabs, Russians, and Other Worthy Opponents* (New Haven: Yale University Press, 1987)

第6章
ボブ・ウッドワード(石山鈴子・染田屋茂訳)『司令官たち——湾岸戦争突入にいたる"決断"のプロセス』文藝春秋、1991年
ボブ・ウッドワード(伏見威蕃訳)『ブッシュの戦争』日本経済新聞社、2003年
ボブ・ウッドワード(伏見威蕃訳)『攻撃計画——ブッシュのイラク戦争』日本経済新聞出版社、2004年
ボブ・ウッドワード(伏見威蕃訳)『ブッシュのホワイトハウス』(上)日本経済新聞出版社、2007年
アンドリュー・コバーン、パトリック・コバーン(神尾賢二訳)『灰の中から——サダム・フセインのイラク』緑風出版、2008年
H・シュワーツコフ著、ピーター・ペトリー執筆協力(沼澤洽治訳)『シュワーツコフ回想録——少年時代・ヴェトナム最前線・湾岸戦争』新

Odd Arne Westad ed., *Brothers in Arms: The Rise and Fall of the Sino-Soviet Alliance, 1945-1963* (DC: Woodrow Wilson Center Press, 1998)
Pingchao Zhu, *Americans and Chinese at Korean War Cease-Fire Negotiations, 1950-1953* (Lewiston: Edwin Mellen Press, 2001)

第5章

萩野弘巳『パリ会談――到達そして出発』日本放送出版協会、1973年
小倉貞男『ドキュメント ヴェトナム戦争全史』岩波書店、1992年
マービン・カルブ、バーナード・カルブ（高田正純訳）『キッシンジャーの道（下）――現代史への挑戦』徳間書店、1975年
ヘンリー・A・キッシンジャー（桃井眞監修、斎藤彌三郎・小林正文・大朏人一・鈴木康雄訳）『キッシンジャー秘録』（1）（2）（4）（5）小学館、1979年、1980年、1980年、1980年
リチャード・ニクソン（松尾文夫・斎田一路訳）『ニクソン回顧録（2）―苦悩のとき』小学館、1979年
古田元夫『歴史としてのベトナム戦争』大月書店、1991年
ジョージ・C・ヘリング（秋谷昌平訳）『アメリカの最も長い戦争』（上）（下）講談社、1985年
ロバート・S・マクナマラ（仲晃訳）『マクナマラ回顧録――ベトナムの悲劇と教訓』共同通信社、1997年
ロバート・S・マクナマラ編著（仲晃訳）『果てしなき論争――ベトナム戦争の悲劇を繰り返さないために』共同通信社、2003年
松岡完『ベトナム戦争――誤算と誤解の戦場』中央公論新社、2001年
U.S. Department of State, *Department of State Bulletin*, February 14, 1966
Ang Cheng Guan, *Ending the Vietnam War: The Vietnamese Communists' Perspective* (London: Routledge Curzon, 2003)
Pierre Asselin, *A Bitter Peace: Washington, Hanoi, and the Making of the Paris Agreement* (Chapel Hill: The University of North Carolina Press, 2002)
Robert K. Brigham, *Guerrilla Diplomacy: The NLF's Foreign Relations and the Viet Nam War* (Ithaca: Cornell University Press, 1999)
Lewis Chester, Godfrey Hodgson, and Bruce Page eds., *An American Melodrama: The Presidential Campaign of 1968* (NY: Dell Books, 1969)
Allan E. Goodman, *The Lost Peace: America's Search for A Negotiated Settlement of the Vietnam War* (Stanford: Hoover Institution Press, 1978)
Henry F. Graff, *The Tuesday Cabinet: Deliberation and Decision on Peace and War under Lyndon B. Johnson* (Englewood Cliffs: Prentice-Hall, Inc., 1970)
Nguyen Tien Hung and Jerrold L. Schecter, *The Palace File* (NY: Harper

鮮戦争——休戦50周年の検証・半島の内と外から』慶應義塾大学出版会、2003年
ダグラス・マッカーサー（津島一夫訳）『マッカーサー回想記』（下）朝日新聞社、1964年
陸戦史研究普及会編『陸戦史集』（23）（26）（27）原書房、1975年、1973年、1973年
マシュウ・B・リッジウェイ（熊谷正巳・秦恒彦訳）『朝鮮戦争』恒文社、1976年
和田春樹『朝鮮戦争全史』岩波書店、2002年
Cold War International History Project Bulletin 6 - 7（Winter 1995/1996）
Thomas Allen, "No Winners, Many Losers: The End of the Korean War" in Phil Williams, Donald M. Goldstein, and Henry L. Andrews, Jr. eds., *Security in Korea: War, Stalemate, and Negotiation*（Boulder: Westview Press, 1994）
Sydney D. Bailey, *How Wars End: The United Nations and the Termination of Armed Conflict 1946-1964* Vol. II（Oxford: Clarendon Press, 1982）
Sydney D. Bailey, *The Korean Armistice*（NY: Palgrave Macmillan, 1992）
Barton J. Bernstein, "Syngman Rhee: The Pawn as Rook: The Struggle to End the Korean War," *Bulletin of Concerned Asian Scholars* 10:1（January-March 1978）
Richard Betts, *Nuclear Blackmail and Nuclear Balance*（DC: Brookings Institution, 1987）
Chen Jian, *Mao's China and the Cold War*（London: The University of North Carolina Press, 2001）
Mark W. Clark, *From the Danube to the Yalu*（Rutland: C. E. Tuttle, 1954）
Rosemary Foot, "Nuclear Coercion and the Ending of the Korean Conflict," *International Security* 13:3（Winter 1988-1989）
Rosemary Foot, *A Substitute for Victory: The Politics of Peacemaking at the Korean Armistice Talks*（Ithaca: Cornell University Press, 1990）
Burton I. Kaufman, *The Korean War: The Challenges in Crisis, Credibility, and Command*（Philadelphia: Temple University Press, 1986）
Edward C. Keefer, "President Dwight Eisenhower and the End of the Korean War," *Diplomatic History* 10: 3（Summer 1986）
Shen Zhihua and Yafeng Xia, "Mao Zedong's Erroneous Decision during the Korean War: China's Rejection of the UN Cease-Fire Resolution in Early 1951," *Asian Perspective* 35: 2（April-June 2011）
Dmitri Volkogonov, *Stalin: Triumph and Tragedy*（NY: Prima Lifestyles, 1996）
Kathryn Weathersby, "New Findings on the Korean War," *Cold War International History Project Bulletin* 3（Fall 1993）
Kathryn Weathersby, "Stalin, Mao, and the End of the Korean War," in

William D. Leahy, *I Was There: The Personal Story of the Chief of Staff to Presidents Roosevelt and Truman, Based on His Notes and Diaries Made at the Time* (NY: Whittlesey House, 1950)
Douglas J. MacEachin, *The Final Months of the War with Japan: Signals Intelligence, U.S. Invasion Planning, and the A-Bomb Decision* (DC: Central Intelligence Agency, Center for the Study of Intelligence, 1998)
Robert James Maddox, *Weapons for Victory: The Hiroshima Decision* (Columbia: University of Missouri Press, 1995)
Wilson Miscamble, *The Most Controversial Decision: Truman, the Atomic Bombs, and the Defeat of Japan* (Cambridge: Cambridge University Press, 2011)
Robert P. Newman, *Truman and the Hiroshima Cult* (East Lansing: Michigan State University Press, 1995)
James Reston, *Deadline: A Memoir* (NY: Random House, 1991)

第4章

アイゼンハワー（仲晃・佐々木謙一共訳）『アイゼンハワー回顧録（1）——転換への負託 1953－1956』みすず書房、2000年
ディーン・アチソン（吉沢清次郎訳）『アチソン回顧録』（2）恒文社、1979年
神谷不二『朝鮮戦争——米中対決の原形』中央公論社、1990年
ジョン・ルイス・ギャディス（赤木完爾・齊藤祐介訳）『歴史としての冷戦——力と平和の追求』慶應義塾大学出版会、2004年
金学俊（Hosaka Yuji訳）『朝鮮戦争——原因・過程・休戦・影響』論創社、2006年
ジョージ・F・ケナン（奥畑稔訳）『ジョージ・F・ケナン回顧録——対ソ外交に生きて』（下）読売新聞社、1973年
五味洋治『朝鮮戦争は、なぜ終わらないのか』創元社、2017年
斎藤直樹「朝鮮戦争の休戦会談と休戦合意についての一考察」『慶應義塾大学日吉紀要』28号（2013年）
沈志華（朱建栄訳）『最後の「天朝」——毛沢東・金日成時代の中国と北朝鮮』（上）岩波書店、2016年
千々和泰明「朝鮮戦争『終結』、国連軍『解体』と日本への影響」『防衛省防衛研究所NIDSコメンタリー』80号（2018年7月11日）
ハリー・S・トルーマン（加瀬俊一監修、堀江芳孝訳）『トルーマン回顧録』（2）恒文社、1966年
A・V・トルクノフ（下斗米伸夫・金成浩訳）『朝鮮戦争の謎と真実——金日成、スターリン、毛沢東の機密電報による』草思社、2001年
服部隆行「朝鮮戦争の停戦交渉と中国の対ベトナム戦略の位相——朝鮮戦争後の中国の軍事戦略と安全保障問題をめぐって」赤木完爾編『朝

西内雅・岩田正孝『雄誥——大東亜戦争の精神と宮城事件』日本工業新聞社、1982 年
西島有厚『原爆はなぜ投下されたか——日本降伏をめぐる戦略と外交』青木書店、1971 年
長谷川毅『暗闘——スターリン、トルーマンと日本降伏』中央公論新社、2006 年
服部卓四郎『大東亜戦争全史』(8) 鱒書房、1956 年
林茂・安藤良雄・今井清一・大島太郎編『日本終戦史(下)——決定的瞬間を迎えて』読売新聞社、1962 年
バートン・バーンスタイン「検証 原爆投下決定までの三百日」『中央公論』110 巻 3 号(1995 年 2 月)
ハーバート・ファイス(佐藤栄一・山本武彦・黒柳米司・広瀬順皓・伊藤一彦訳)『原爆と第二次世界大戦の終結』南窓社、1974 年
保科善四郎『大東亜戦争秘史——失われた和平工作』原書房、1975 年
細谷千博「太平洋戦争と日本の対ソ外交——幻想の外交」細谷千博・皆川洸編『変容する国際社会の法と政治——大平善梧先生還暦記念論文集』有信堂、1971 年
毎日新聞社図書編集部訳編『太平洋戦争秘史——米戦時指導者の回想』毎日新聞社、1965 年
松谷誠『大東亜戦争収拾の真相〔新版〕』芙蓉書房、1984 年
山極晃・立花誠逸編、岡田良之助訳『資料 マンハッタン計画』大月書店、1993 年
読売新聞社編『昭和史の天皇』(2)(3) 中央公論新社、2011 年、2012 年
読売新聞戦争責任検証委員会『検証 戦争責任』(上) 中央公論新社、2009 年
Barton J. Bernstein, "The Perils and Politics of Surrender: Ending the War with Japan and Avoiding the Third Atomic Bomb," *Pacific Historical Review* 46: 1 (February 1977)
Frederick Sherwood Dunn, *Peace Making and the Settlement with Japan* (Princeton: Princeton University Press, 1963)
Robert H. Ferrell ed., *Harry S. Truman and the Bomb: A Documentary History* (Worland: High Plains Pub. Co., 1996)
James Forrestal, *The Forrestal Diaries* (London: Cassell, 1952)
Tsuyoshi Hasegawa, "The Atomic Bombs and the Soviet Invasion: Which Was More Important in Japan's Decision to Surrender?," in Tsuyoshi Hasegawa ed., *The End of the Pacific War: Reappraisals* (Stanford: Stanford University Press, 2007)
David Holloway, "Jockeying for Position in the Postwar World: Soviet Entry into the War with Japan in August 1945," in Hasegawa ed., *The End of the Pacific War* (Stanford: Stanford University Press, 2007)

木戸日記研究会編集校訂『木戸幸一日記 東京裁判期』東京大学出版会、1980年
軍事史学会編『大本営陸軍部戦争指導班 機密戦争日誌』（下）錦正社、1998年
迫水久常『終戦の真相』（非売品）
迫水久常『機関銃下の首相官邸――二・二六事件から終戦まで』筑摩書房、2011年
迫水久常『大日本帝国最後の四か月――終戦内閣「懐刀」の証言』河出書房新社、2015年
佐藤元英・黒沢文貴編『GHQ歴史課陳述録――終戦史資料』（上）（下）原書房、2002年
重光葵著、伊藤隆・渡邊行男編『重光葵手記』中央公論社、1986年
重光葵『昭和の動乱』（下）中央公論新社、2001年
信夫清三郎『聖断の歴史学』勁草書房、1992年
庄司潤一郎「戦争終結をめぐる日本の戦略――対ソ工作を中心として」三宅正樹・庄司潤一郎・石津朋之・山本文史編『検証 太平洋戦争とその戦略（2）――戦争と外交・同盟戦略』中央公論新社、2013年
鈴木貫太郎『終戦の表情』労働文化社、1946年
鈴木多聞「昭和20年8月10日の御前会議――原爆投下とソ連参戦の政治的影響の分析」『日本政治研究』3巻1号（2006年1月）
鈴木多聞『「終戦」の政治史 1943−1945』東京大学出版会、2011年
ボリス・スラヴィンスキー（加藤幸廣訳）『日ソ戦争への道――ノモンハンから千島占領まで』共同通信社、1999年
高木惣吉『高木海軍少将覚え書』毎日新聞社、1979年
田中伸尚『ドキュメント昭和天皇（5）――敗戦（下）』緑風出版、1989年
種村佐孝『大本営機密日誌』芙蓉書房出版、1995年
千々和泰明「太平洋戦争終結と戦後日米同盟」『防衛省防衛研究所NIDSコメンタリー』134号（2020年8月6日）
茶園義男『密室の終戦詔勅』雄松堂出版、1989年
寺崎英成、マリコ・テラサキ・ミラー『昭和天皇独白録』文藝春秋、1995年
東郷茂徳『時代の一面――東郷茂徳外交手記』原書房、2005年
東郷茂彦『祖父東郷茂徳の生涯』文藝春秋、1993年
豊田副武『最後の帝国海軍』主婦の友出版サービスセンター、1984年
ハリー・S・トルーマン（加瀬俊一監修、堀江芳孝訳）『トルーマン回顧録』（1）恒文社、1966年
仲晃『黙殺――ポツダム宣言の真実と日本の運命』（上）日本放送出版協会、2000年
永井陽之助『冷戦の起源――戦後アジアの国際環境』（1）中央公論新社、2013年

Policy, 1943-1945 (NY: Random House, 1968)
Vojtech Mastny, "Stalin and the Prospects of A Separate Peace in World War II," *American Historical Review* 77: 5 (December 1972)
Raymond G. O'Connor, *Diplomacy for Victory: FDR and Unconditional Surrender* (NY: W. W. Norton & Company, 1971)
Earl S. Pomeroy, "Sentiment for A Strong Peace, 1917-1919," *South Atlantic Quarterly* 43:4 (October 1944)
Robert J. Quinlan, "The Italian Armistice," in Harold Stein ed., *American Civil-Military Decisions: A Book of Case Studies* (Birmingham: University of Alabama, 1963)
Paul Reynaud (translated by James D. Lambert), *In the Thick of the Fight, 1930-1945* (NY: Simon and Schuster, 1955)
David Stevenson, *With Our Backs to the Wall: Victory and Defeat in 1918* (London: Penguin Books, 2012)
John W. Wheeler-Bennett and Anthony Nicholls, *The Semblance of Peace: The Political Settlement after the Second World War* (NY: W. W. Norton & Company, 1974)

第3章

防衛省防衛研究所戦史研究センター史料室所蔵史料
外務省編纂『終戦史録』(上)(下) 新聞月鑑社、1952年
外務省編纂『終戦史録』(復刻版) 官公庁文献研究会、1993年
防衛庁防衛研修所戦史室『戦史叢書 大本営陸軍部 (10) ——昭和20年8月まで』朝雲新聞社、1975年
宮内庁『昭和天皇実録』(9) 東京書籍、2016年
参謀本部編『敗戦の記録』原書房、1989年
麻田貞雄「原爆投下の衝撃と降伏の決定」細谷・入江・後藤・波多野編『太平洋戦争の終結』柏書房、1997年
ガー・アルペロヴィッツ (鈴木俊彦・岩本正恵・米山裕子訳)『原爆投下決断の内幕——悲劇のヒロシマ・ナガサキ』(上) ほるぷ出版、1995年
五百旗頭真『日米戦争と戦後日本』大阪書籍、1989年
五百旗頭真・北岡伸一編『開戦と終戦——太平洋戦争の国際関係』情報文化研究所、1998年
石黒忠篤『農政落葉籠』岡書院、1956年
伊藤隆編『高木惣吉 日記と情報』(下) みすず書房、2000年
河邊虎四郎『市ヶ谷台から市ヶ谷台へ——最後の参謀次長の回想録』時事通信社、1962年
河邊虎四郎文書研究会編『承詔必謹——陸軍ハ飽マデ御聖断ニ従テ行動ス』国書刊行会、2005年
木戸日記研究会校訂『木戸幸一日記』(下) 東京大学出版会、1966年

治と外交』勁草書房、2016年
アンドレ・モーロア（高野彌一郎訳）『フランス敗れたり』大観堂書店、1940年
B・L・モントゴメリー（高橋光夫・船坂弘訳）『モントゴメリー回想録』読売新聞社、1971年
リデル・ハート（上村達雄訳）『第二次世界大戦』フジ出版社、1978年
Anne Armstrong, *Unconditional Surrender: The Impact of the Casablanca Policy upon World War II* (New Brunswick: Rutgers University Press, 1961)
James Barros and Richard Gregor, *Double Deception: Stalin, Hitler, and the Invasion of Russia* (DeKalb: Northern Illinois University Press, 1995)
Jacques Benoist-Mechin (translated by Peter Wiles), *Sixty Days That Shock The West: The Fall of France 1940* (NY: G. P. Putnam's Sons, 1963)
A. E. Campbell, "Franklin Roosevelt and Unconditional Surrender," in Richard Langhorne ed., *Diplomacy and Intelligence during the Second World War: Essays in Honor of F. E. Hinsley* (Cambridge: Cambridge University Press, 1985)
Galeazzo Ciano (edited by Malcolm Muggeridge), *Ciano's Diary, 1939-1943* (London: W. Heinemann, 1948)
Hugh Dalton (edited by Ben Pimlott), *The Second World War Diary of Hugh Dalton, 1940-45* (London: Jonathan Cape Ltd, 1986)
Dwight D. Eisenhower, *Crusade in Europe* (NY: Doubleday, 1948)
Guy Nicholas Esnouf, "British Government War Aims and Attitudes towards A Negotiated Peace, September 1939 to July 1940" (Ph.D. dissertation, King's College London, 1988)
Herbert Feis, *Between War and Peace: The Potsdam Conference* (Princeton: Princeton University Press, 1960)
Albert N. Garland and Howard McGraw Smyth, *Sicily and the Surrender of Italy* (DC: Center of Military History, U.S. Army, 1993)
Eleanor M. Gates, *End of the Affairs: The Collapse of the Anglo-French Alliance, 1939-1940* (Berkeley: University of California Press, 1981)
Martin Gilbert ed., *The Churchill War Papers,* Vol. II: Never Surrender, May-December 1940 (NY: Norton, 1995)
Joseph Goebbels (translated by Louis P. Lochner), *The Goebbels Diaries, 1942-1943* (NY: Doubleday, 1948)
Reimer Hansen, "Germany's Unconditional Surrender," *History Today* 45: 5 (May 1995)
Norman Kogan, *Italy and the Allies* (Cambridge: Harvard University Press, 1956)
Gabriel Kolko, *The Politics of War: The World and United States Foreign*

河出書房新社、1991年
木村裕主『ムッソリーニを逮捕せよ』講談社、1993年
マーティン・ギルバート（岩崎俊夫訳）『第二次世界大戦』（上）（下）心交社、1994年
ハインツ・グデーリアン（本郷健訳）『電撃戦——グデーリアン回想録』フジ出版社、1978年
ロバート・シャーウッド（村上光彦訳）『ルーズヴェルトとホプキンズ』(1)（2）みすず書房、1957年
ウィリアム・シャイラー（井上勇訳）『第三帝国の興亡』(4)（5）創元社、1961年、1975年
ゲ・カ・ジューコフ（清川勇吉・相場正三久・大沢正訳）『ジューコフ元帥回想録——革命・大戦・平和』朝日新聞社、1970年
アレン・ダレス（志摩隆訳）『静かなる降伏——サンライズ作戦／大戦終結を演出す』早川書房、1967年
W・S・チャーチル（佐藤亮一訳）『第二次世界大戦』(2)（3）(4）河出書房新社、1983年、1984年、1984年
ワシリー・I・チュイコフ（小城正訳）『ナチス第三帝国の崩壊——スターリングラードからベルリンへ』読売新聞社、1973年
A・J・P・テイラー（都築忠七訳）『イギリス現代史』みすず書房、1987年
カール・デーニッツ（山中静三訳）『デーニッツ回想録10年と20日間』光和堂、1986年
ド・ゴール（村上光彦・山崎庸一郎訳）『ド・ゴール大戦回顧録』(3）みすず書房、1999年
H・R・トレヴァ＝ローパー（橋本福夫訳）『ヒトラー最期の日』筑摩書房、1975年
コーデル・ハル（宮地健次郎訳）『ハル回顧録』中央公論新社、2001年
アラン・バロック（大西尹明訳）『アドルフ・ヒトラー』(2）みすず書房、1960年
アントニー・ビーヴァー（川上洸訳）『ベルリン陥落1945』白水社、2004年
ウィーラー・ベネット（山口定訳）『国防軍とヒトラー1918－1945』(2)みすず書房、1961年
ベルナドット伯手記（衣奈多喜男訳）『幕おりぬ——ヨーロッパ終戦秘史』国際出版、1948年
フォーレスト・C・ポーグ「エルベ河畔進撃停止の決断」K・R・グリンフィールド編（中野五郎訳）『第二次大戦の運命を決した歴史的決断』(2）筑摩書房、1964年
三宅正樹編『昭和史の軍部と政治（4）——第二次大戦と軍部独裁』第一法規、1983年
宮下雄一郎『フランス再興と国際秩序の構想——第二次世界大戦期の政

Ivor Nicholson & Watson, 1934)
Bullitt Lowry, *Armistice 1918* (Kent: Kent State University Press, 1996)
Alma Maria Luckau, *The German Delegation at the Paris Peace Conference: A Documentary Study of Germany's Acceptance of the Treaty of Versailles* (NY: Columbia University Press, 1941)
Frederick Maurice, *The Armistice of 1918* (London: Oxford University Press, 1943)
Michael S. Neiberg, "To End All Wars?: A Case Study of Conflict Termination in World War I," in J. Boone Bartholomees, Jr. ed., *U.S. Army War College Guide to National Security Issues,* Vol II: National Security Policy and Strategy (Carlisle Barracks: U.S. Army War College, Strategic Studies Institute, 2012) 5th Edition
Theodore Roosevelt, "The Dangers of A Premature Peace," May 12, 1918, in Theodore Roosevelt, *Roosevelt in the Kansas City Star: War-Time Editorials* (Boston: Houghton Mifflin Company, 1921)
V. H. Rothwell, *British War Aims and Peace Diplomacy, 1914-1918* (Oxford: Clarendon Press, 1971)
Harry R. Rudin, *Armistice 1918* (New Haven: Yale University Press, 1944)
Charles Seymour, *American Diplomacy during the World War* (Baltimore: Johns Hopkins Press, 1934)
David Stevenson, "The Failure of Peace by Negotiation in 1917," *Historical Journal* 34:1 (March 1991)
H. W. V. Temperley ed., *A History of the Peace Conference of Paris* (London: Hodder & Stoughton, 1920)
John W. Wheeler-Bennett, *Brest-Litovsk: The Forgotten Peace, March 1918* (Oxford: Clarendon Press, 1939)

第2章

D・D・アイゼンハワー（朝日新聞社訳）『ヨーロッパ十字軍——最高司令官の大戦手記』朝日新聞社、1949年
荒井信一「教科書検定と無条件降伏論争」『歴史学研究』531号（1984年8月）
R・C・K・エンソー（内山正熊訳）『第二次世界大戦史』岩波書店、1956年
イアン・カーショー（河内隆弥訳）『運命の選択 1940－41 ——世界を変えた10の決断』（上）白水社、2014年
イアン・カーショー（石田勇治監修、福永美和子訳）『ヒトラー（下）—— 1936－1945 天罰』白水社、2016年
P・カルヴォコレッシー、G・ウィント、J・プリチャード（八木勇訳）『トータル・ウォー——第二次世界大戦の原因と経過（上）西半球編』

主要参考文献

ジャン＝ジャック・ベッケール、ゲルト・クルマイヒ（剣持久木・西山暁義訳）『仏独共同通史 第一次世界大戦』（上）（下）岩波書店、2012年
フォルカー・ベルクハーン（鍋谷郁太郎訳）『第一次世界大戦―― 1914－1918』東海大学出版部、2014年
洞富雄『近代の戦争（3）――第一次世界大戦』人物往来社、1966年
山上正太郎『第一次世界大戦――忘れられた戦争』講談社、2010年
ピエール・ルヌーヴァン（西海太郎編訳）『ドキュメンタリー・フランス史 ドイツ軍敗れたり』白水社、1987年
Arthur S. Link, *The Papers of Woodrow Wilson*, Vol. XLIX, LI（Princeton: Princeton University Press, 1985）
Charles Seymour, *Intimate Papers of Colonel House*, Vol. IV: The Ending of the War, June 1918-November 1919（London: Hazell, Watson & Viney Ld., 1928）
C. K. Cumming and Walter W. Pettit eds., *Russian-American Relations, March 1917-March 1920: Documents and Papers*（NY: Hyperion Press, 1920）
German National Chancellery（translated by the Carnegie Endowment for International Peace, Division of International Law）, *Preliminary History of the Armistice: Official Documents Published by the German National Chancellery by Order of the Ministry of State*（NY: Oxford University Press, 1924）
Gary Thomas Armstrong, "The Domestic Politics of War Termination: The Political Struggle in the United States over the Armistice, 1918"（Ph.D. dissertation, Georgetown University, 1994）
John Milton Cooper, Jr., "The British Response to the House-Grey Memorandum: New Evidence and New Questions," *Journal of American History* 59:4（March 1973）
John Davies, *How Not to End A War: Peace Attempts and Failures during the First World War*（London: Defence Academy of the United Kingdom, Royal College of Defence Studies, 2013）
Inga Floto, *Colonel House in Paris: A Study of American Policy at the Paris Peace Conference 1919*（Princeton: Princeton University Press, 1973）
W. B. Fowler, *British-American Relations, 1917-1918: The Role of Sir William Wiseman*（Princeton: Princeton University Press, 1969）
Lorna S. Jaffe, *The Decision to Disarm Germany: British Policy towards Postwar German Disarmament, 1914-1919*（London: Allen & Unwin, 1985）
N. Gordon Levin, Jr., *Woodrow Wilson and World Politics: America's Response to War and Revolution*（NY: Oxford University Press, 1970）
David Lloyd George, *War Memoirs of David Lloyd George,* Vol. VI（London:

George H. Quester, "Wars Prolonged by Misunderstood Signals," *Annals of the American Academy of Political and Social Science* 392 (November 1970)
Dan Reiter, *How Wars End* (Princeton: Princeton University Press, 2009)
Thomas A. Shoffner, "Unconditional Surrender: A Modern Paradox," Monograph, School of Advanced Military Studies, Army Command and General Staff College (May 2003)
James D. D. Smith, *Stopping Wars: Defining the Obstacles to Cease-Fire* (Boulder: Westview Press, 1995)
Elizabeth A. Stanley, *Paths to Peace: Domestic Coalition Shifts, War Termination and the Korean War* (Stanford: Stanford University Press, 2009)
Suzanne Werner, "The Precarious Nature of Peace: Resolving the Issues, Enforcing the Settlement, and Renegotiating the Terms," *American Journal of Political Science* 43:3 (July 1999)

第1章

荒松雄他『岩波講座 世界歴史（24）――第一次世界大戦』岩波書店、1970年
飯倉章『第一次世界大戦史――諷刺画とともに見る指導者たち』中央公論新社、2016年
江口朴郎編『世界の歴史（14）――第一次大戦後の世界』中央公論社、1962年
大久保明「第一次世界大戦の休戦交渉再考――イギリスの政策を中心に」『国際関係研究』39巻1号（2018年10月）
大類伸監修、林健太郎・堀米庸編『世界の戦史（9）――第一次世界大戦 最初の国家総力戦』人物往来社、1967年
木村靖二『第一次世界大戦』筑摩書房、2014年
ヴィクター・セベスチェン（三浦元博・横山司訳）『レーニン 権力と愛』（下）白水社、2017年
A・J・P・テイラー（倉田稔訳）『第一次世界大戦――目で見る戦史』新評論、1980年
A・J・P・テイラー（吉田輝夫訳）『第二次世界大戦の起源』講談社、2011年
マイケル・ハワード（馬場優訳）『第一次世界大戦』法政大学出版局、2014年
平瀬徹也「第一次世界大戦終結とヨーロッパ列強――対ドイツ休戦交渉に関する覚書」『史論』52号（1999年3月）
ジャン＝ジャック・ベッケール（幸田礼雅訳）『第一次世界大戦』白水社、2015年

over Military Strategy, 1700 to the Present（Lawrence: University Press of Kansas, 1999）

序　章

F・C・イクレ（桃井真訳）『紛争終結の理論』日本国際問題研究所、1974年
奥村房夫「戦争終結」『拓殖大学論集』84号（1972年7月）
ゴードン・A・クレイグ、アレキサンダー・L・ジョージ（木村修三・五味俊樹・高杉忠明・滝田賢治・村田晃嗣訳）『軍事力と現代外交――歴史と理論で学ぶ平和の条件』有斐閣、1997年
千々和泰明「戦争終結の理論――平和の回復をめぐるジレンマ」『国際政治』195号（2019年3月）
土山實男『安全保障の国際政治学――焦りと傲り［第二版］』有斐閣、2014年
桃井真「危機管理理論」高坂正堯・桃井真編『多極化時代の戦略（上）――核理論の史的展開』日本国際問題研究所、1973年
山本智之『主戦か講和か――帝国陸軍の秘密終戦工作』新潮社、2013年
『国際政治』45号（戦争終結の条件）（1972年4月）
Clark C. Abt, "The Termination of General War"（Ph.D. dissertation, Massachusetts Institute of Technology, 1965）
H. A. Calahan, *What Makes A War End?*（NY: Vanguard Press, 1944）
Angelo Codevilla and Paul Seabury, *War: Ends and Means*（DC: Potomac Book, Inc., 2006）Second Edition
James Fearon, "Why Do Some Civil Wars Last So Much Longer Than Others?," *Journal of Peace Research* 41:3（May 2004）
H. E. Goemans, *War and Punishment: The Causes of War Termination and the First World War*（Princeton: Princeton University Press, 2000）
Paul Kecskemeti, "Political Rationality in Ending War," *Annals of the American Academy of Political and Social Science* 392（November 1970）
Frank L. Klingberg, "Predicting the Termination of War: Battle Casualties and Population Losses," *Journal of Conflict Resolution* 10:2（June 1966）
Zeev Maoz, "Resolve, Capabilities, and the Outcomes of Interstate Disputes, 1816–1976," *Journal of Conflict Resolution* 27:2（June 1983）
Zeev Maoz, "Peace by Empire? Conflict Outcomes and International Stability, 1816-1976," *Journal of Peace Research* 21:3（September 1984）
Coleman Phillipson, *Termination of War and Treaties of Peace*（NY: E. P. Dutton & Company, 1916）
Paul R. Pillar, *Negotiating Peace: War Termination as A Bargaining Process*（Princeton: Princeton University Press, 1983）

主要参考文献

全体に関するもの

荒松雄他『岩波講座 世界歴史(29)——現代(6)第二次世界大戦』岩波書店、1971年

ヘンリー・A・キッシンジャー(岡崎久彦監訳)『外交』(上)日本経済新聞社、1996年

ウィリアム・シャイラー(井上勇訳)『フランス第三共和制の興亡(2)——1940年、フランス没落の研究』東京創元社、1971年

手賀裕輔「ニクソン政権のベトナム戦争終結計画、1969年——『マッドマン・セオリー』による強制外交の失敗」『国際安全保障』43巻2号(2015年9月)

日本外交学会編・植田捷雄監修『太平洋戦争終結論』東京大学出版会、1958年

波多野澄雄『宰相鈴木貫太郎の決断——「聖断」と戦後日本』岩波書店、2015年

防衛省防衛研究所編『歴史から見た戦争の終結』(戦争史研究国際フォーラム報告書)防衛省防衛研究所、2016年

細谷千博・入江昭・後藤乾一・波多野澄雄編『太平洋戦争の終結——アジア・太平洋の戦後形成』柏書房、1997年

ロバート・マーフィ(古垣鐵郎訳)『軍人のなかの外交官』鹿島研究所出版会、1964年

ギデオン・ローズ(千々和泰明監訳、佐藤友紀訳)『終戦論——アメリカはなぜ戦後処理に失敗し続けるのか』原書房、2012年

U.S. National Archives <https://www.archives.gov/>

Harry S. Truman Presidential Library <https://www.trumanlibrary.gov>

U.S. Department of State, *Foreign Relations of the United States* (Washington, D.C.: Government Printing Office)

U.S. National Security Archive <https://nsarchive2.gwu.edu>

U.K. National Archives <http://www.nationalarchives.gov.uk>

U.K. House of Commons Hansard Archives <https://www.parliament.uk>

Maurice Pascal Alers Hankey, *Politics: Trials and Errors* (Chicago: H. Regnery, 1950)

Jane E. K. Holl, "From the Streets of Washington to the Roofs of Saigon: Domestic Politics and the Termination of the Vietnam War" (Ph.D. dissertation, Stanford University, 1989)

Paul Kecskemeti, *Strategic Surrender: The Politics of Victory and Defeat* (New York: Atheneum, 1964)

Michael D. Pearlman, *Warmaking and American Democracy: The Struggle*

千々和泰明（ちぢわ・やすあき）

1978年生まれ．福岡県出身．2001年，広島大学法学部卒業．07年，大阪大学大学院国際公共政策研究科博士課程修了．博士（国際公共政策）．ジョージ・ワシントン大学アジア研究センター留学，京都大学大学院法学研究科COE研究員，日本学術振興会特別研究員（PD），防衛省防衛研究所教官，内閣官房副長官補（安全保障・危機管理担当）付主査などを経て，13年より防衛省防衛研究所主任研究官．この間，コロンビア大学東アジア研究所客員研究員．国際安全保障学会理事．本書で第43回石橋湛山賞受賞．

著書『大使たちの戦後日米関係』（ミネルヴァ書房，2012年）
『変わりゆく内閣安全保障機構』（原書房，2015年）
『安全保障と防衛力の戦後史 1971〜2010』（千倉書房，2021年，第7回日本防衛学会猪木正道賞正賞）
『戦後日本の安全保障』（中公新書，2022年）
監訳書『終戦論』（ギデオン・ローズ著，佐藤友紀訳，原書房，2012年）

戦争《せんそう》はいかに終結《しゅうけつ》したか
中公新書 *2652*

2021年7月25日初版
2022年10月30日5版

著　者　千々和泰明
発行者　安部順一

本文印刷　暁印刷
カバー印刷　大熊整美堂
製　本　小泉製本

発行所　中央公論新社
〒100-8152
東京都千代田区大手町1-7-1
電話　販売 03-5299-1730
　　　編集 03-5299-1830
URL https://www.chuko.co.jp/

Published by CHUOKORON-SHINSHA, INC.
Printed in Japan　ISBN978-4-12-102652-1 C1231

中公新書刊行のことば

いまからちょうど五世紀まえ、グーテンベルクが近代印刷術を発明したとき、書物の大量生産は潜在的可能性を獲得し、いまからちょうど一世紀まえ、世界のおもな文明国で義務教育制度が採用されたとき、書物の大量需要の潜在性が形成された。この二つの潜在性がはげしく現実化したのが現代である。

いまや、書物によって視野を拡大し、変りゆく世界に豊かに対応しようとする強い要求を私たちは抑えることができない。この要求にこたえる義務を、今日の書物は背負っている。だが、その義務は、たんに専門的知識の通俗化をはかることによって果たされるものでもなく、通俗的好奇心にうったえて、いたずらに発行部数の巨大さを誇ることによって果たされるものでもない。現代を真摯に生きようとする読者に、真に知るに価いする知識だけを選びだして提供すること、これが中公新書の最大の目標である。

私たちは、知識として錯覚しているものによってしばしば動かされ、裏切られる。私たちは、作為によってあたえられた知識のうえに生きることがあまりに多く、ゆるぎない事実を通して思索することがあまりにすくない。中公新書が、その一貫した特色として自らに課すものは、この事実のみの持つ無条件の説得力を発揮させることである。現代にあらたな意味を投げかけるべく待機している過去の歴史的事実もまた、中公新書によって数多く発掘されるであろう。

中公新書は、現代を自らの眼で見つめようとする、逞しい知的な読者の活力となることを欲している。

一九六二年一一月

中公新書

現代史

f1

中公新書

現代史

f3

2590 人類と病 詫摩佳代
2664 歴史修正主義 武井彩佳
2451 トラクターの世界史 藤原辰史
2666 ドイツ・ナショナリズム 今野元
2368 第一次世界大戦史 飯倉章
2681 リヒトホーフェン―撃墜王とその一族 森貴史
27 ワイマル共和国 林健太郎
478 アドルフ・ヒトラー 村瀬興雄
2553 ヒトラーの時代 池内紀
2272 ヒトラー演説 高田博行
1943 ホロコースト 芝健介
2349 ヒトラーに抵抗した人々 對馬達雄
2610 ヒトラーの脱走兵 對馬達雄
2448 闘う文豪とナチス・ドイツ 池内紀
2329 ナチスの戦争 1918-1949 R・ベッセル 大山晶訳

2313 ニュルンベルク裁判 A・ヴァインケ 板橋拓己訳
2266 アデナウアー 板橋拓己
2615 物語 東ドイツの歴史 河合信晴
2274 スターリン 横手慎二
530 チャーチル(増補版) 河合秀和
2643 イギリス1960年代 小関隆
2578 エリザベス女王 君塚直隆
1415 フランス現代史 渡邊啓貴
2356 イタリア現代史 伊藤武
2221 バチカン近現代史 松本佐保
2415 トルコ現代史 今井宏平
2670 サウジアラビア―「イスラーム世界の盟主」の正体 高尾賢一郎
2538 アジア近現代史 岩崎育夫
2586 東アジアの論理 岡本隆司
2437 中国ナショナリズム 小野寺史郎
2600 孫基禎《ソン・ギジョン》―帝国日本の朝鮮人メダリスト 金誠
2034 感染症の中国史 飯島渉

1959 韓国現代史 木村幹
2602 韓国社会の現在 春木育美
2682 韓国愛憎 木村幹
2596 インドネシア大虐殺 倉沢愛子
1596 ベトナム戦争 松岡完
2330 チェ・ゲバラ 伊高浩昭
1664 1665 アメリカの20世紀(上下) 有賀夏紀
2626 フランクリン・ローズヴェルト 佐藤千登勢
2527 大統領とハリウッド 村田晃嗣
2479 スポーツ国家アメリカ 鈴木透
2540 食の実験場アメリカ 鈴木透
2504 アメリカとヨーロッパ 渡邊啓貴
2163 人種とスポーツ 川島浩平

中公新書

政治・法律

h2

108 国際政治（改版） 高坂正堯
1686 国際政治とは何か 中西　寛
2190 国際秩序 細谷雄一
1899 国連の政治力学 北岡伸一
2574 戦争とは何か 多湖　淳
2652 戦争はいかに終結したか 千々和泰明
2621 リベラルとは何か 田中拓道
2410 ポピュリズムとは何か 水島治郎
2207 平和主義とは何か 松元雅和
2576 内戦と和平 東　大作
2195 入門 人間の安全保障（増補版） 長　有紀枝
2394 難民問題 墓田　桂
2629 ロヒンギャ危機―「民族浄化」の真相 中西嘉宏
2133 文化と外交 渡辺　靖
113 日本の外交 入江　昭

1000 新・日本の外交 入江　昭
2402 現代日本外交史 宮城大蔵
2611 アメリカの政党政治 岡山　裕
1272 アメリカ海兵隊 野中郁次郎
2650 米中対立 佐橋　亮
2405 欧州複合危機 遠藤　乾
2568 中国の行動原理 益尾知佐子
700 戦略的思考とは何か（改版） 岡崎久彦
2215 戦略論の名著 野中郁次郎編著
721 地政学入門（改版） 曽村保信
2566 海の地政学 竹田いさみ
2532 シンクタンクとは何か 船橋洋一
2697 戦後日本の安全保障 千々和泰明